Belleza
Inesperada

Enfrentando el duelo,
revelando la belleza y
encontrando sanidad

MAJO ESQUIVEL

Güipil
PRESS

Para otros materiales, visítanos en:
GuipilPress.com

Publicado por **Güipil Press**
Miami, FL. - Roanoke, VA. Estados Unidos de América

Güipil
PRESS

Güipil Press primera edición 2018
www.GuipilPress.com

Editora en Jefe: Rebeca Segebre
Diseño: Victor Aparicio / Victor911.com
Fotografía del autor: Victor Aparicio / Vive360Media.com
ISBN-13: 978-0-9992367-4-1
ISBN-10: 0-9992367-4-1

Categoría: Crecimiento personal / Autoayuda / Vida práctica / Inspiración
Category: Personal Growth / Self-Help / Practical Living / Inspiration

"Aprendiendo a vivir
con dos estrellas en el cielo."

ELOGIOS PARA
BELLEZA INESPERADA

«Quiero expresar mi profundo respeto hacia la familia Esquivel, en la persona de mi amada Majo. Una amiga a la manera de Dios. De ella sólo se puede esperar determinación, enfoque y disciplina férrea para el alcance de objetivos en todas las áreas de su vida. Así que lo que pueden esperar más allá de éste libro, es una manera de aprender a cambiar de enfoque: de una calamidad que se transforma en bendición no sólo para una familia sino para toda una nación. Para todo el que lea éste libro estoy segura tendrá una "ruta segura" hacia el éxito de cualquier proyecto que desee emprender pues Majo es una comunicadora nata por excelencia no solo de palabras sino de hechos.

La historia de S.E.R puede ser el camino ideal para encontrarte contigo misma, así como lo hizo conmigo y lo sigue haciendo, deja que Dios te inspire y de seguro llegas a salvo a casa. Majo nos recuerda que la belleza real es la que portamos dentro nuestro, la que perdura en el tiempo.»

Carmen Morinigo
Miss Universo Paraguay 1999

Gracias a Güipil Press y a su talentoso equipo que colaboraron conmigo en este proyecto. Me gustaría agradecer especialmente a Rebeca Segebre por sus ideas, asesoría y experiencia que fueron para mí una guía importante. Ella bendijo mi vida no solo con inspiración sino con una amistad incondicional.

Majo, ¡lo lograste!».

Rebeca Segebre
Presidenta de Güipil Press

«Determinación, obediencia, amor y fe; son las 4 palabras que describen tu persona Ma. José (cariñosamente Majo). No es tan sorprendente que tengas un libro escrito, ni que llegues a donde llegaste, porque dentro de ti hay un corazón fuerte, lleno de confianza en aquel que te llamó y con tanta determinación en tu interior estoy segura que esto es solo el principio de muchas cosas que vendrán, mucho más que conquistar, porqué tu fe en él, no tiene barrera, ni límites.

Quiero y tengo que mencionar una cosa más; vienen a mi memoria esas charlas que hemos tenido en aquel tiempo, con distintas circunstancias, a veces con temas personales, familiares, laborales, etc. Venías junto a mí pidiendo consejos, ayuda, oración y en varias ocasiones derramando lágrimas en tus ojos, abriéndome tu corazón, pero hay algo que siempre me conmovió en esos momentos, y era tu corazón sencillo, predispuesto a oír y obedecer. Esa sumisión completa a Dios, fue, es y será algo que siempre me impactará de tu persona, ¡creo que ese es el motivo de todo lo que hoy estás recibiendo de parte de Dios! Porque él ama ver un corazón obediente, humilde, lleno de amor y fe. Todo eso se encuentra dentro de ti. ¡Éxitos mi querida y gran amiga!».

Myriam de Chihan
Socia Propietaria Ace Paraguay

«La conozco desde pequeña, fue mi alumna de declamación y en la adolescencia de literatura; y recuerdo muy bien como sus hermanas, la cuidaban con el amor más tierno. "Profe" me decían, "ella no debe agotarse, no tiene que correr" y ellas mismas me alertaban: "tiene un problema en el corazón".

Hoy, viéndola escribiendo, disertando tan activa en muchos aspectos, me da a pensar que un gran milagro ocurrió en la vida de esta joven. MARÍA JOSÉ aún tienes mucho que dar, por ser una persona servicial, altruista, y sobre todo reconocida con las personas que te rodean; y especialmente con aquellos seres que como yo, aportaron algo en tu vida».

María Dinora Mendoza
Lic. en medios y comunicación social

«Generalmente leemos líneas, párrafos, capítulos y nos emocionamos, lloramos, recordamos y nos desafiamos a nosotros mismos. Pero lo que realmente sucede desde nuestra posición de lectores y espectadores, es el poderoso hecho de ¡ser impactados por el corazón del autor!

Majo no se reduce a párrafos, capítulos o libros, aunque en ellos hace que resalte una obra humana con respaldo divino. Ella ha impactado nuestras vidas, dejándose transformar, ante nuestros ojos, hasta convertirse en vaso de honra para nuestro poderoso Dios.

No ha levantado su voz, ni ha mostrado siempre una fe inquebrantable... lloró, dudó, sintió miedo y desconfianza, pero NO paró. Siguió avanzando, peleó sus batallas, reafirmó su fe y hoy, inicia en letras e historias, un camino de esperanza, para su corazón, ¡el nuestro y el de muchos!

Realmente hemos visto en ella cumplirse la promesa del Padre, que ¡cambiaría su lamento en baile!
Ella baila al compás de su fe, acompañada de las promesas de restauración y gozo, y nosotras, como hermanas, amigas y testigos de esto, encontramos inspiración para bailar la música que lleva nuestros nombres.

Gracias Majo por mostrarnos que aunque la vida golpee, ¡no hay excusas para quedarse en el suelo!

Te amamos».

Tus hermanas y amigas de la célula
Paraguay

BELLEZA INESPERADA

Dedicatoria

*A mis padres Ricardo y Mechi, por enseñarme con una
sonrisa que la vida puede ser dura hasta el punto de perder
un hijo -y en el caso de ellos, dos hijas- pero que igual
debemos seguir por los que aún estamos a su alrededor y
porque ¡¡la FE en DIOS es la única respuesta a todas las
preguntas!!
Gracias papi y mami... los amo.*

*A mi esposo Arnaldo por ser siempre un apoyo
incondicional para mí, por ayudarme a crecer y buscar cada
día ser mejor persona, por creer en mí y en mis sueños, los
cuales muchas veces se los expreso con un "Dios me dijo".
Gracias por tu ejemplo de bondad,
FE en Dios y por enseñarnos que con él todo es posible.
¡Sin límites!*

*A mi hijo Fabrizio, por ser mi inspiración,
porque el mirarte y mirar tu vida me habla de lo mucho que
DIOS me ama. Gracias, hijo... te amo.*

*A ti, que ahora sabes que puedes lograr la libertad,
sanidad y vas por tus más añorados sueños.*

BELLEZA INESPERADA

Agradecimientos

Agradezco a Dios por darme la oportunidad de colocar en un libro mis experiencias y el éxito que he logrado con su ayuda.

Agradezco a Güipil Press y su presidenta, Rebeca Segebre, por su participación activa en la realización de este libro como asesora literaria, mi amiga y casi confidente, pues me ayudó a armar este libro con manos diestras.

Agradezco a la Seguridad en las Rutas Paraguay por darme la oportunidad de canalizar mi dolor y llevarlo a acciones positivas.

BELLEZA INESPERADA

Contenido

BELLEZA INESPERADA

Prólogo

María José Esquivel Arzamendia, Majo como te decimos de cariño, eres una amiga que me regaló la vida, aunque en verdad el aprecio que nos tenemos va más allá de una amistad, y se confunde en un afecto como de hermanos, bueno así me tildaste un día cuando me dijiste que yo era como un "hermano mayor" para vos cuando tus hermanas Carmi y Mechi se habían marchado; que ellas habían partido físicamente de este mundo pero que yo me quedaba, no para reemplazarlas por que eso es muy difícil, sino para ocupar ese espacio vacío que ellas dejaron en tu corazón, en tu cotidiano vivir. En aquel entonces pasaste momentos difíciles, no solamente por la muerte prematura de ellas, sino por otras situaciones familiares adversas que te tocó atravesar en los años sucesivos. Sin imaginarlo, pasaste a ser un sostén espiritual fundamental para tus padres Ricardo y Mercedes; para tu hermano Mauricio y para tu hijo Fabrizio. Yo he sido testigo de ese rol que te tocó cumplir. La fortaleza divina indiscutible y tu entereza humana sobresaliente, se convirtieron en tu escudo, en tu armadura, para soportar los embates que el dolor y la angustia te asestaban.

Desde aquel entonces, yo traté de estar ahí siempre para vos cuando me necesitabas, con mis oídos atentos para escucharte y mis hombros prestos para acoger tu llanto. Ahora, a pesar de la distancia que nos separa, te acompaño espiritualmente alentando cada desafío que te toca emprender, y uno de ellos es sin dudas escribir este libro, que será sin miedo a equivocarme, como un elixir de consuelo para cada alma afligida por la ausencia casi inexplicable de su ser más querido.

Pronto se cumplirán 18 años de la fundación de la Asociación Seguridad en las Rutas (S.E.R.), creada en memoria de tus hermanas y de nuestro amigo Richi, víctimas fatales de un siniestro vial que se podía haber evitado. Desde entonces, luchamos voluntariamente con gran tesón, para que menos vidas se pierdan a causa de ese tipo de hechos, que enlutan a familias y a grupos sociales enteros, provocando su disgregación en ciertos casos.

En un tramo del camino emprendido en esta lucha, nos tomó de sorpresa, particularmente a mí, tu repentino alejamiento de la Organización, junto a tus padres. Era de suponer, que la pena que padecían como familia era tan grande que necesitaban tomar cierta distancia con respecto a personas muy allegadas a ustedes y a tus hermanas. Era un período lógico y entendible de "duelo", sin embargo transcurrieron varios años hasta que comprendí el verdadero sentido de esa distancia: fue una estrategia planeada por tu corazón acongojado para armarte de coraje y volver a la batalla con mayor energía, con mayor ímpetu. Tu vocación de servicio se potenció, tu carácter de líder se fortaleció y tu pasión por ejecutar proyectos fecundos se consolidó. Y no volviste sola.

Toda tu familia también volvió, incluyendo a tu esposo Arnaldo. Desde ese instante, ellos se constituyeron en tu apoyo, lo cual permitió que nuestra entidad no muera; logró que siga siempre vigente. Tengo que reconocer esa actitud como un "milagro", que me dio ánimo y que me hizo permanecer firme hasta ahora en la pelea, a pesar de mis numerosas actividades familiares, laborales y recreativas.

María José, por todo lo expuesto precedentemente, se puede concluir que contigo se cumple la simple y mística frase: "Dios le da las batallas más difíciles a sus mejores soldados". Y yo puedo dar fe de ello. Ruego al Señor por tu felicidad y la de los tuyos. Éxitos, y siempre éxitos.

Emilio José Recalde Laterza
Socio fundador de Seguridad en las rutas Paraguay

Introducción

Duelo, palabra que en muchos lugares no deseamos tocar y entiendo el porqué. No son temas que las personas anhelan escuchar en su servicio de domingo, pero quiero que sepas que en la actualidad hay muchas personas pasando por este tipo de dolor y mientras nosotros no sabemos qué decir o hacer; esa persona sigue triste y tal vez con pensamientos hasta de muerte.

Si eres una persona que paso por una perdida repentina hoy quiero darte la bienvenida a tu nueva vida: tendrás días sanos, llenos de alegrías y algunos días serán nublados, y otros un poco oscuros y otros súper oscuros, pero tranquila, todo es parte del proceso. Confía que Dios te sanará. Sé que puedes levantarte y salir adelante, porque yo lo hice, así que tú también puedes hacerlo.

Si eres un familiar o amigo de una persona que está pasando por duelo por una pérdida repentina, te invito a ser instrumento de Dios para ayudar a estas personas a sanar, a que encuentren libertad y esperanza, *Belleza Inesperada* puede ayudarte a ser una de esas personas que Dios usa en este proceso.

Por qué escribí este libro

Pienso que cuando llega un nuevo integrante a la familia, un bebé o un cachorro, todos deben asumir sus nuevas responsabilidades y comenzar a desarrollarlas lo más rápido posible para que ese nuevo integrante se quede y se instale en nuestra familia.

Con la muerte de un ser querido sucede algo similar, pero aunque no lo sabemos, también nos cambia la vida. La diferencia de esta nueva vida es que nadie llega, al contrario, se van.

Puede que sea tu salud la que se esté yendo o un ser amado, pero es la actitud la que marca la diferencia. Frente a los cambios grandes, debemos asumir una actitud proactiva y enfrentar la situación en unidad con la familia.

No será rápido, pero podemos dar pasos lentos de fe y así comenzar a vivir la nueva vida que nos toca. Y con el tiempo podemos luego ayudar a otras personas a ser sanas y ahí estaremos TRANSFORMANDO NUESTRO DOLOR EN ACCIÓN y de esa forma, según mi experiencia, podemos encontrar la libertad y esperanza para continuar con este guion que se llama VIDA.

Las personas que lean este libro sentirán que no están solas y que las circunstancias no tienen que dejarlas arruinadas por completo. Si están dispuestas a ser ayudadas por Dios, colocan su empeño y esfuerzo en las áreas que más hacen la diferencia, él trabajará en sanar las áreas heridas tras una gran pérdida.

Este libro te ayuda para que seas capaz de experimentar sanidad integral y comenzar a dar fruto.

"Cuando está completamente oscuro,
se pueden ver las estrellas."

1
APRENDIENDO A VIVIR CON DOS ESTRELLAS EN EL CIELO

En mi familia éramos cinco, mis dos hermanas Carmi, Mechi, mis padres y yo. En el año 1998 llegó mi hermano Mauri, para todos, incluyendo mis padres, él fue realmente una sorpresa. Yo tenía dieciocho años, Mechi dieciséis y Carmi, veinte. Como verás, no era una edad para tener un nuevo hermanito, pero los planes de Dios eran otros; y el doce de marzo de aquel año, llegó Mauri.

Nunca fuimos una familia con mucho dinero; vivíamos siempre bien, pero con el presupuesto ajustado. Mi papá es coronel del Estado Paraguayo (SR), en la actualidad abogado, y mi mamá, licenciada en Relaciones Públicas de una entidad del gobierno. La vida no nos trababa mal, al contrario, terminamos los estudios en un buen colegio; mis padres siempre invirtieron mucho dinero en nuestra educación y ese fue su gran legado para las tres. Como todas las niñas, queríamos cosas y a veces no las teníamos y, pese a que mis padres me mostraron su preocupación y amor desde que era niña, yo, por ser la del medio, siempre creí que era la invisible.

Mis hermanas y yo crecimos y vivimos muy felices, siempre unidas; algunas ocasiones nos vestíamos iguales, peleábamos, nos queríamos, nos odiábamos, jugábamos, hacíamos deportes y miles de otras cosas juntas. Pero a pesar de que éramos unidas, Mechi y Carmi lo eran aún más.

La casa en la que vivíamos tenía tres cuartos, mis padres dormían en una, Carmi y Mechi en otra, y yo, sola. Ellas tenían una conexión rara que nunca entendí.

Se llamaban "mamá e hija". Mechi le decía "mamá" a Carmi y Carmi, "mi hija", a Mechi. La verdad es que a pesar que las sentía como hermanas y sabía que me amaban, jamás me sentí incluida dentro de ese círculo tan cerrado que ellas dos tenían. Siempre sentí que ellas estaban juntas en contra mía.

Cuando pasó el tiempo y después que ocurrió la tragedia en mi familia, me pregunté varias veces el porqué de esa conexión. Pensaba que era porque yo hice de sus primeros años de vida una pesadilla. Mi salud era sumamente delicada y debía estar internada en el hospital por meses. Mis padres estaban conmigo y ellas se quedaban con mis abuelas o tías. Hasta que cumplí seis años, mi vida fue así; entrar y salir del hospital. Solía pensar "tal vez ese tiempo vivido de tanta enfermedad, hizo que yo me apartara de ellas y ellas de mí."

Quién diría que a su corta edad experimentarían lo que hoy yo vivo. Desde que ellas partieron, me tocó mirar a unos padres que solo viven pensando en el dolor. Padres que se olvidaba de su alrededor. Padres que saben que existen sus hijas, pero piensan y creen saber que están bien porque las dejaron en buenas manos.

Qué ironía que los primeros años de mis hermanas fueron un reflejo de cómo sería mi vida en el futuro, pero hay una pequeña diferencia: ellas eran solo niñas y necesitaban a sus padres y yo, lo enfrenté cuando ya era una mujer adulta.

Me pregunto ¿quién tuvo la culpa?, ¿los padres que tenían una hija que creían que solo viviría hasta los seis años?, ¿los padres que perdieron a sus dos hijas en un trágico accidente de tránsito?, ¿o unas niñas que sus primeros años necesitaban de ellos y tal vez no los tenían?, ¿quién podría saber? Tal vez no había culpables, tal vez lo eran todos, ¿o tal vez era nuestro destino? ¿Quién sabe?

A mis seis años pasé por una cirugía de corazón que duró trece horas. Fue un momento muy difícil para mi familia, pero la operación salió bien.

Hoy puedo decir: ¡gracias a Dios! La que podía morir a los seis años en una sala de operación, la que solo hubiera podido vivir hasta los quince años, hoy está escribiendo estas líneas y tiene, para la gloria de Dios, treinta y ocho años y está sana. Nuestra vida después de ese incidente recién comenzó, al menos para mí.

Dicen que la anestesia general borra la memoria de las personas, así que yo no tengo recuerdos hasta los 6 años. Desde esa edad comencé a guardar recuerdos y confieso que no son muchos, pero sí buenos.

Nuestra infancia siguió y llegó la adolescencia, y con ella, nuevos desafíos para mis padres. Es tan difícil ser padre o madre de un adolescente y muchas veces es peor cuando son tres. En ocasiones se enfocan en solo uno, mientras el otro puede estar pasando por una crisis que no expresa. Con esa edad llega la rebeldía, las malas decisiones, los amores profundos y miles de otros sentimientos.

Esos años fueron difíciles para nosotras y para mis padres. ¡Qué difícil es solo poder orar por tu adolescente y amarlo! Como padres queremos que ellos cambien y dejen de hacer esto o aquello; sin embargo, lo mejor es que ellos expresen lo que están sintiendo.

La adolescencia es como una maratón entre los padres y el adolescente, entonces, la pregunta es ¿llegarás de pie a la meta? ¡Te aseguro que no podrás lograrlo solo! Necesitas una ayuda y esa ayuda se llama Dios.

La calma volvió después de unos años, y mi familia comenzó a caminar nuevamente como una familia feliz, hasta que llegó la noticia de Mauri. ¡Guau! esa noticia fue una bomba, tanto para mis padres como para nosotras, no sabíamos que Dios estaba enviando un regalo.

¿Dios? Sí, Dios, porque aunque ese momento aún nadie en mi familia había aceptado a Dios, mi papá, con sus carentes conocimiento religiosos, siempre nos habló de él. Ese regalo cambió nuestras vidas. Todo lo que ocurrió en el pasado, con la llegada de Mauri, pareció haber sido borrado; y así fue hasta que, sorpresivamente, quedé embarazada de mi Fernando Josué Fabrizio. Fui criticada por ponerle tres nombres, pero tienen un gran significado y, como en esos años ya buscaba de Dios, esos nombres fueron elegidos por su misericordia.

Fernando significa: 'audaz', 'valeroso' o 'temerario'.
Josué significa: 'Yahveh salva' o 'Yahveh de salvación'.
Fabrizio significa: 'Hijo del artesano'.

La noticia de la llegada de Fabri fue un nuevo golpe en mi familia. Yo, soltera de dieciocho años, aún ni terminaba la escuela secundaria. Fue un verdadero caos, al menos para mi mamá, y la verdad, nunca supe porqué ella sufrió tanto. En ese momento, yo estaba feliz y nunca vi las consecuencias que con el tiempo viviría. Disfruté cada mes de mi embarazo, aunque mucho de ese tiempo la pasé sola. Muchas veces me pregunté porqué mi mamá se lamentó tanto. Tal vez porque yo no estaba casada.

Tal vez por lo que dirían los demás, o tal vez porque ella se sintió fracasada como mamá. Ahora que tengo un hijo de la edad en la que yo quedé embarazada, lo miro y pienso ¿qué podría hacer Fabri para decepcionarme? No lo niego, me molestan muchas cosas de él cuando los síntomas de rebeldía aparecen.

Lo miro y me pregunto ¿qué pudo haber sentido mamá cuando le dije que estaba embarazada? Ahora entiendo a mi mamá y veo que sin Dios es imposible enfrentar los problemas, y hasta cuando lo tenemos a él, la decepción es difícil de manejar. Mi mamá es tan humana como yo y hoy puedo ver que sus reproches y enojos eran porque yo era su orgullo; y cuando la decepcioné, ese orgullo se vino abajo. A veces pienso que ese tipo de dolor es una señal de Dios para llamar nuestra atención y luego forjarnos, para promovernos.

Muchas veces me pregunté, y le cuestioné a Dios, cómo fue que llegamos al punto de sufrir tanto como familia para poder reaccionar a todos y cada uno de sus llamados. ¿Existe un tiempo? Quizás él nos mira y dice que aún no estamos listos... o solo somos nosotros los que hacemos que la llegada sea lenta y tomamos el camino más largo y doloroso. ¿Quién sabe?

Hasta ahora, lo que leíste de mi familia nos hacen ver como unos monstruos; y la verdad, no es así. Lo que mencioné de nosotros son solo algunas muestras del comportamiento de personas sin Cristo, sin rumbo ni dirección.

Allá afuera hay muchos. Tal vez tú seas uno de ellos, viviendo confundido, encerrado en tu dolor, engañado, sintiéndote traicionado y eso hace que el enemigo de tu vida te haga creer que naciste para ser infeliz, que lo que tienes hasta ahora es todo lo que puedes llegar a tener, pero te digo algo, en la Biblia dice esto:

"¿Puede una madre olvidar a su niño de pecho, y dejar de amar al hijo que ha dado a luz? Aun cuando ella lo olvidara, ¡yo no te olvidaré! Grabada te llevo en las palmas de mis manos; tus muros siempre los tengo presentes."
(Isaías 49:15-16 NVI)

Dios no se olvidó de nosotros y, aunque como familia nos olvidamos de él o solo hacíamos lo mínimo por tener una relación con él, ¡Dios estaba ahí a nuestro lado, y en su tiempo, nos rescató! Cuando leí Isaías 49:15-16 por primera vez, supe que mi Dios no me olvidó jamás.

Supe que tanto era el engaño que el diablo colocó en mi mente, que me hizo creer que yo había sido olvidada; y creo que eso también ocurrió con mis padres durante toda mi niñez, adolescencia y hasta adultez antes de tener a Cristo.

En sus corazones, ellos vivían pensando y recordando solo lo malo, victimizándose y diciendo "¿por qué a nosotros?" Pongo de ejemplo sus vidas porque vi sus vacíos y eran totalmente iguales a los míos, y así funciona; tú transmites tus vivencias a tus hijos y ellos lo imitan, pero en este capítulo no quiero desanimarte. Aún hay mucho qué leer sobre mi vida, y lo bueno fue que Dios hizo que lo conociera y tuviera una relación personal con él.

Quiero aquí dejarte con una pequeña reflexión: ¿Qué piensas de tu vida?, ¿crees que tal vez podía ser mejor?, ¿crees que estás solo?, ¿crees que Dios no te ama? ¿O tal vez crees que fuiste y serás un error?

Si el párrafo anterior te hizo ver que tienes un parecido con mis padres o mi familia, está bien, es bueno verlo... muy bueno, pero te animo a que salgas de ese lugar. Desde ahora, Dios puede comenzar a trabajar contigo así como lo hizo y sigue haciendo con mi familia. Solo tienes que confesar con voz alta y firme que Cristo es tu Salvador, que crees que resucitó de entre los muertos, que quieres que entre en tu corazón y comenzarás a ver cambios en tu vida. Te animo a que leas lo que Dios siguió haciendo en nuestras vidas y, quién sabe, ¡tal vez te ayude!

Una historia bíblica
Adán y Eva

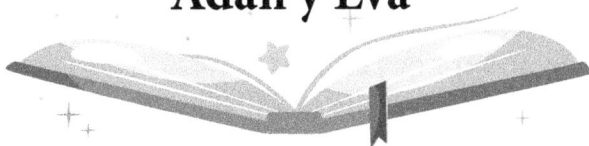

Después de la caída de hombre, la primera tragedia que menciona la Biblia es la muerte de Abel, hijo de Adán y Eva. Ellos eran tan humanos como nosotros, con emociones, sentimientos, sufrimientos y dolores. Puedo imaginar que quizá comenzaron a cuestionarse "¿será que esto pasó por lo que hice?, ¿será que nuestro pecado llevó a que un inocente lo pague?, ¿será...?, ¿será...? Puedo decir que, por los años de duelo y el dolor que vi en mis padres, esas preguntas son frecuentes y pueden durar para siempre en la vida de las personas que pasaron por esa experiencia.

El ser humano quiere una respuesta a todo, más aún, a algo como la muerte de un hijo. Sin embargo, en los años que llevo de tener una relación con Jesús, puedo ver que lo que Dios permite es con un propósito. Con esto no digo que la muerte trágica venga de parte Dios y no creo que así sea, sino que puedo ver que después de tanto dolor, él nos restaura y restituye.

Eso hizo con Eva entregándole otro hijo, Set (Génesis 4-25), quien abrió paso a la llegada de Jesús. Ese hijo, sin dudar, no llenó el vacío que el otro dejó porque ningún hijo es igual al otro, pero sí fue una restitución de Dios para con ellos.

De esta historia se entiende que desde el principio Dios observa todo lo ocurrido en el mundo y, cuando ve arrepentimiento sincero y que buscamos de él, él restituye y a su tiempo nos regala sanidad. Puede que hoy tu dolor parezca no tener solución. Probablemente, Eva y Adán tampoco lo creían porque su mente finita no podía entender cómo fue que Caín les causó semejante dolor y, sin piedad, quitó la vida de su hijo Abel.

Sin embargo, de las peores cosas y en los peores sufrimientos, Dios se glorifica. Solo tenemos que entregarnos a él y él lo hará. Él cumplirá con nuestro propósito aun en medio de ese dolor. Te invito a que hagas esta sencilla oración e intentes perdonar, ser perdonado, restaurado, restituido y redimido por Dios.

"Señor Jesús, te necesito. Gracias por morir en la cruz para pagar por mis pecados. Te pido perdón por mis pecados y te recibo como mi Señor y salvador. Gracias por darme el regalo de vida eterna. Deseo cambiar y vivir una nueva vida contigo como mi Señor y salvador. Gracias, Jesús. Amén".

"Cree en el Señor Jesús y serás salvo..."
(Hechos 16:31 RVR1960)

Si estás leyendo este libro, hay una gran posibilidad de que hayas pasado o estés pasando por un gran duelo. Te invito a que reflexionemos con las siguientes preguntas:

¿Cómo te describes a ti mismo antes del duelo?

¿Qué engaños le creíste al diablo?

¿Qué cosas de tu pasado recuerdas que te hacen sentir culpables?

Estos son solo algunos de mis pensamientos antes del duelo y, los tuyos, ¿cuáles eran?

¡Escríbelos!

Yo antes

Tú antes

Niña muy enferma.

Creía que no era importante para
mis padres.

Vivía amargada por creerme parte de
una familia con muchos problemas.
En ese momento me preguntaba el
porqué nos sucedía eso a nosotros.

Después del embarazo, pensaba
que mis sueños ya se habían
quedado atrás, que había perdido la
oportunidad de vivir la mejor etapa
mi mejor vida.

Luego del divorcio, pensé: "nadie va
a quererte, divorciada a los 21 años
de edad y con un hijo".

¿Mi papá puede ir preso?
¿Por qué sucede esto si él es un
hombre bueno?

Recuerda que la vida continúa después del duelo y aquellas metas que te habías colocado antes tal vez ahora cambien. Sin embargo, si de algo estoy segura es que este es el mejor momento para decidir qué es lo que realmente importa.

Pregúntate si alguna meta, idea o pensamiento que tenías antes del duelo, tiene aún alguna relevancia hoy.

Meditaciones

_____

_____

_____

_____

_____

_____

_____

_____

_____

_____

_____

_____

_____

_____

BELLEZA INESPERADA

2
REBELDÍA

En mayo del año 2000, mis hermanas, mamá y yo nos enteramos que mi papá estaba armando, junto a otros amigos militares, una revuelta contra el gobierno debido a diferencias políticas. Mi papá se retiró del ejército el 23 de marzo de 1999, junto con su líder y otros muchos militares. Mi papá es una persona fiel, leal y honesta. Siempre vi eso en él y hasta a veces me enojaba tanta honestidad. De niña veía cómo muchos otros camaradas y amigos militares tenían muchas más cosas que nosotros.

Yo sabía perfectamente que ellos tenían el mismo salario que mi papá, pero que ellos obtenían mayores ingresos debido a que eran corruptos. Lastimosamente, de niña ya podía darme cuenta de esas cosas y por la honestidad de mi papá, nosotros no teníamos mucho, solo que lo que su salario permitía. Esa honestidad llevó a mi papá a defender a su ideal, a su líder. Entonces junto con sus amigos hicieron una revuelta.

La rebelión de mi papá y sus amigos salió mal y esto marcó una vez más la vida de mi familia. Ellos y tuvieron que huir y se convirtieron en prófugos de la justicia. Una noche, a un mes de ese levantamiento, mi hermana Carmi vino a casa y nos dijo "vamos a ir a ver a papá".

Nosotras fuimos vendadas a su escondite para no recordar el camino. Entonces, mi hermana nos dijo: "Vamos a ver a papá, pero pobre si alguna de las dos llora. Él se siente mal por todo lo que pasó y si ve a sus hijas llorando o sufriendo va sentirse peor.

Así que, ¡si lloran, jamás volverá!" Aún recuerdo fijamente su mirada cuando volteó y me dijo: "Majo, a ti especialmente te digo que no llores porque sé que eres llorona. Cuando veas a papá o a mamá sufriendo, no sufras con ellos, no sufras delante de ellos, que ellos no vean tu dolor. Ellos la están pasando mal, y vernos mal los haría sentirse peor, así que, ya sabes." Hasta ese momento no entendía sus palabras y cuando llegamos donde estaba papá, lloré como loca. Pude ver su dolor y me sentí culpable por haber llorado.

A veces escuchamos palabras que nos atan, que nos sujetan, que no permiten que salgamos adelante. Las palabras siempre marcan y, aún así no lo quieras, lo que sale de tu boca siempre retorna con el mismo efecto, por eso es muy importante cuidar todo lo que sale de ella. Es importante bendecir con nuestras palabras. En Santiago 3:9 (NVI) dice: "Con la lengua bendecimos a nuestro Señor y Padre, y con ella maldecimos a las personas, creadas a imagen de Dios".

Eso ocurrió conmigo y con mi hermana mayor. Ella, sin saberlo, me ató, me sujetó, me obligó a cambiar… a ser dura. Después de lo ocurrido, yo nunca más pude abrazar a mis padres, me aparté de ellos porque cada vez que los veía, quería llorar. No podía estar cerca de ellos sin llorar, pero me mantenía fiel a la promesa que le hice a mi hermana. Pasaron los años y pienso que esa atadura trajo muchos problemas a mi mente, corazón e inclusive a mi cuerpo, pero lo peor aún es que me separó de mis padres.

No obstante, existe un Dios que nos rescata en el tiempo justo. La Biblia dice en Isaías 40:2 (NTV):

"hablen con ternura a Jerusalén
y díganle que se acabaron sus días tristes
y que sus pecados están perdonados."

Finalmente, un año después de todo lo que sucedió, mi papá cayó preso y mi familia se enlutó de nuevo. Gracias a Dios, lo tuvimos en la casa con prisión domiciliaria por muy poco tiempo, porque cuando el corazón es puro, la justicia de Dios sale ganando.

Es por eso que quiero animarte a que sigas leyendo sobre este Dios fiel y quien no se olvida de ti. Él tiene un plan perfecto para ti y, pueda que mis circunstancias no sean iguales a las tuyas, pero sé que te duele y que estás sufriendo; y solo puedo decirte en este capítulo ¡Dios es fiel y su plan es perfecto!

Una historia bíblica
David y Betsabé

En la historia de Betsabé y David puedo ver la misma situación de Adán y Eva y también puedo imaginar sus preguntas y sus porqués. Pero en este caso existen algunos hechos interesantes que podemos mencionar y analizar:

1) 2 Samuel 11:1 menciona, por ejemplo, que David no fue a la guerra, no fue a cumplir con sus obligaciones.

2) 2 Samuel 11:26 dice que el Señor estaba disgustado con lo que David había hecho.

3) 2 Samuel 12:9 dice: "¿Por qué, entonces, despreciaste la palabra del SEÑOR e hiciste este acto tan horrible? Pues mataste a Urías el hitita con la espada de los amonitas y le robaste a su esposa. De ahora en adelante, tu familia vivirá por la espada porque me has despreciado al tomar a la esposa de

Urías para que sea tu mujer". El Señor estaba enojado y condenó a David por su pecado.

4) 2 Samuel 12:14, dice: "Sin embargo, como has mostrado un total desprecio por la palabra del Señor con lo que hiciste, tu hijo morirá."

5) 2 Samuel 12:16, dice: "Así que David le suplicó a Dios que perdonara la vida de su hijo, y no comió, y estuvo toda la noche tirado en el suelo."

6) 2 Samuel 12:18-22, dice: "Finalmente, al séptimo día, el niño murió. Los consejeros de David tenían temor de decírselo. «No escuchaba razones cuando el niño estaba enfermo —se decían—, ¿qué locura hará cuando le digamos que el niño murió?». Cuando David vio que susurraban entre sí, se dio cuenta de lo que había pasado.

¿Murió el niño? —preguntó. Sí —le contestaron—, ya murió. De inmediato David se levantó del suelo, se lavó, se puso lociones y se cambió de ropa. Luego fue al tabernáculo a adorar al Señor y después volvió al palacio donde le sirvieron comida y comió. Sus consejeros estaban asombrados. No lo entendemos —le dijeron—. Mientras el niño aún vivía, lloraba y rehusaba comer. Pero ahora que el niño ha muerto, usted terminó el duelo y de nuevo está comiendo. —Ayuné y lloré —respondió David— mientras el niño vivía porque me dije: "Tal vez el Señor sea compasivo conmigo y permita que el niño viva".

Dios destinó que ese niño no viviría. Si bien todos tenemos algo seguro y eso es la muerte, el único que sabe qué día sucederá, es Dios. En esta historia, Dios no envió una muerte trágica sino fue por una enfermedad. Por esta comparación es que me atrevo a pensar que las muertes trágicas no vienen de Dios, accidentes de tránsito, asesinatos, etc., cuando decide llevarnos de vuelta con él.

Menciono esto porque después de una muerte trágica siempre existe tanto dolor y el ser humano comienza a caer como dominó y a rendirse.

Desde que mis hermanas murieron, el único futuro que yo veía para mi vida era sufrir y vivir viendo sufrir a mis padres. Te puedo asegurar que, gracias a Dios, no sé, y por fe espero no saberlo, qué es perder a un hijo; pero sí sé qué se siente ver a tus padres sufrir porque ellos los perdieron.

En la Biblia, en 2 de Samuel, se menciona que David ayunó y oró durante siete noches y siete días, y después que el niño murió, David pidió bañarse y comer. Puedo leer aquí entre líneas que ese ayuno y esa oración ayudaron a David a sanar antes que el dolor siquiera llegara.

Puedo ver que Dios preparó a David hasta en ese aspecto, porque la Palabra de Dios dice que luego fue y consoló a su esposa. Posteriormente, Betsabé quedó embarazada y me atrevo a pensar que la sanidad de David llego en esos días de comunión con Dios y que, en esos días de entrega a él, Dios le envió un hijo, quien más adelante sería el rey Salomón, el rey más sabio de la historia.

Una vez más aclaro que un hijo no reemplaza al otro, pero la restitución de Dios llegó a ellos por medio de ese hijo. ¿Qué hubiera pasado si David no hubiese podido manejar el duelo? Si con ese dolor nunca más hubiera tocado a su esposa, ¿cómo habría nacido el rey Salomón? Dios trabajó en David en esos días de ayuno, lo sanó y se encargó de que ese propósito se cumpla en él y Betsabé.

Así también nuestro Dios está interesado en sanar tu dolor y demostrarte que aún tiene muchas bendiciones para ti y que todavía no termina su propósito en tu vida con esta perdida.

Sé que cuesta verlo ahora, pero te invito a que hagas lo que el rey David hizo: orar y ayunar. ¡Verás cómo Dios se manifiesta!

De la perdida de David y Betsabé también puedo analizar que nosotros estamos bajo la gracia. Gracias a Jesús, nosotros ahora podemos arrepentirnos de nuestros pecados y con eso permitir que nuestra generación no cargue con las consecuencias de nuestros errores. Gracias a Jesús podemos ser perdonados.

Dios permite la muerte de nuestros seres queridos para demostrarnos que él da y él quita, pues él es el único que sabe los días que tenemos aquí en esta Tierra.

ALTO PARA SANAR

¿Qué cosas de tu pasado recuerdas que te hacen sentir culpable?

Debemos entender y ver cómo fue nuestra vida mientras nuestros seres queridos estaban con nosotros y qué engaños vienen a nuestra mente ahora.

La condenación no es un sentimiento que viene de Dios. El trabajo del Espíritu de Dios es mostrarnos nuestras fallas para llevarnos al arrepentimiento y no a la condenación. Él lo dice en su palabra:

"Dios no envió a su Hijo al mundo para condenar al mundo, sino para salvarlo por medio de él."
(Juan 3:17 NTV)

Meditaciones

_____

_____

_____

_____

_____

_____

_____

_____

_____

_____

_____

_____

_____

_____

_____

_____

BELLEZA INESPERADA

3

NOCHE OSCURA

20 de agosto de 2000. Día soleado, bello y con mucha alegría y amor de por medio. Mis hermanas vivían juntas, mis padres seguían prófugos y yo ya estaba casada. Ese fin de semana, por esas coincidencias de la vida o mejor dicho por esas "Diosidencias", Dios nos reunió y lo pasamos juntos esos días. Esa mañana, mis hermanas se levantaron temprano y comenzaron su preparativo para un largo viaje a Itacurubí que realizarían junto con otros amigos.

Todos bajamos para despedirlas y yo, con solo veintiún años y un bebé de un año y once meses, deseaba ir con ellas. Les pregunté a mis hermanas "¿Volverán hoy?" Y Carmi, la mayor, contestó sin dudar "Nunca más volveremos" y sonrió.

Mechi, la menor, la miró, sonrió y me respondió: "Claro que volveremos hoy". Carmi explicó que al día siguiente tenía que ir a trabajar y que por eso su viaje sería fugaz. Entonces, entusiasmada pregunté "¿Puedo ir con ustedes?", a lo cual, las dos respondieron "¡Nooo con tu bebé! ¡Nooo!, ¡mejor no!" En aquel tiempo, mi hijo era un bebé muy activo y casi no se quedaba quieto.

No me quedó otra opción que despedirme tristemente de ellas. Recuerdo tan bien cómo salieron por las ventanillas del auto para despedirse de mi pequeño hijo y de mí, que estábamos afuera. Ellas salieron con la bendición de mis padres y, una de las cosas que mi papá siempre recuerda y llora es haberle dicho a Carmi: "Cuida a tu hermanita, ¿escuchaste, mi hija?" y ella respondió "Sí, papá, tranquilo". Y así fue como partieron de casa para nunca más volver.

A las 9:30 de la noche, mi hijo y yo estábamos jugando en el primer piso de la casa, cuando de pronto, se acercó un vehículo con dos personas. Una señora me preguntó: "¿Conoces a una chica llamada Mechi?"; yo le respondí que sí, que era mi hermana, pero que no estaba.

Ellos me dijeron: "¿Podrías decirle a tus padres que nos acompañen? Tus hermanas tuvieron un accidente de tránsito y están de camino al hospital de emergencias médicas." Subí rápido al segundo piso y conté lo ocurrido a mis padres. Mi papá se cambió a toda prisa y mi mamá dijo que no iría porque pensaba que mis hermanas se habían roto un brazo o una pierna o que no era nada grave. Ella estaba en shock y por eso decidió quedarse, pero yo quise acompañar a mi padre y juntos fuimos al hospital.

Al llegar ahí, había mucha gente, incluyendo a los que viajaron ese día con ellas. Todos estaban llorando y nadie nos decía nada. Nosotros corrimos de un lugar a otro buscando respuestas de alguien y en eso, una enfermera salió y dijo que una de las chicas estaba llegando.

Pasaron como 15 minutos y llegó Carmi; la bajaron de la ambulancia en una camilla. Apenas nos dejaron verla, pero yo alcancé a tocar sus pies. Aún recuerdo que no ella tenía zapatos y que mi papá entró corriendo a su tras.

Yo solo podía ver lo que ocurría por una pequeña ventana. Mi papá se quedó afuera mientras Carmi entró con los médicos. Pasaron unos minutos y el médico salió con la peor noticia que podía escuchar hasta ese día…

Mi hermana había muerto.

Mi papá se agarró fuertemente la cabeza y salió corriendo.

Me abrazó y me dijo: "¡Se murió mi hija!, ¡se murió!"
Esas imágenes quedaron grabadas en la retina de mis ojos.
Es imposible describir con palabras el dolor que ese tipo de
noticias pueden traer a tu corazón.

Hasta ese día había visto sufrir a mi papá de maneras tan
diferentes, pero ninguna fue igual a esa. En un momento
dejó de llorar y me dijo "¿y Mechi? ¿Dónde está Mechi?"
Llamó al cuartel y pidió a un oficial militar que buscara a mi
hermana desde Itacurubí hasta Asunción, la capital, en todos
los centros de salud y comisarías.

En ese instante yo estaba comunicándome con un buen
amigo de mi hermanita y le pedí que pase a buscar a mi
mamá y la traiga a Emergencias Médicas. Cuando por fin mi
mamá llegó, vio a mi papá y se dieron un fuerte abrazo. Él
le decía "Carmiña murió. Nuestra hija murió." Me pareció
como si el mundo se había detenido en ese abrazo, en las
palabras, los gritos y el llanto de mis padres.

Después de enterarme de la muerte de mi hermana mayor,
sentí el dolor más grande que pude haber experimentado y el
vacío más profundo de toda mi vida. Yo los miraba y pensaba
cómo podría ayudarles en esta situación ¿que podría hacer
por ellos? En mi cabeza pasaban tantas cosas; y después de
una hora más o menos, llegó la llamada del terror.

El oficial de guardia llamó a mi papá y le informó que su
hija Mechi estaba en la morgue de Itacurubí. Toda la escena
anterior comenzó de nuevo.

El mismo cuadro de dolor de mis padres. En ese momento
llegué a pensar que los perdería también a ellos; pensaba que
no iban a soportar tanto sufrimiento. ¿Cómo harían para que
sus vidas continúen? Un corazón no puede aguantar tanto.

Mi papá fue a reconocer el cuerpo de ambas y los muy buenos amigos de ellos se encargaron del velorio y entierro. La noche del 20 de agosto del año 2000 fue una noche que vivirá en nuestros corazones por siempre. Desde ese día comenzamos a aprender a vivir con dos estrellas en el cielo. Y desde ese momento nada fue igual.

Hasta ahora, todo lo que leíste puede que te haga pensar ¿por qué Dios hizo que mis padres vivan tanto dolor? Pero quiero animarte a que sigas leyendo, porque siempre después de la noche más oscura llega el amanecer, y después de la tormenta, llega la calma.

Aunque algunos desastres pueden tener el nombre de tsunami o huracán y dejan destrozos por donde quiera que pasan, siempre se detienen y los sobrevivientes aprenden a levantarse y comenzar de nuevo.

Qué le diría a un padre que pierde un hijo

Al llegar a un velorio y ver a la persona que perdió a su ser querido, en ocasiones no sabemos qué decir y con frecuencia pensamos que es mejor callar y que nuestra presencia vale más. Muchas veces, esa teoría puede ser buena, pero otras, necesitamos escuchar lo que alguien tiene para decirnos, ya que en ese momento, la persona que está en duelo tiene muchas preguntas en su cabeza.

En esta clase de situaciones puedes usar estos consejos para consolar a un padre que perdió un hijo y aún tiene a otro con vida. Puedes mencionar esto para comenzar la conversación.

Una vez leí un libro se llama Belleza Inesperada y la autora hablaba de ella cuando perdió a sus dos hermanas.

Ella decía ese día no es bueno para nadie, para los padres, para los hijos, amigos, familia, nadie, lo único que puedes hacer por ellos es lo siguiente:

- Dales un fuerte abrazo.

- Ellos quieren escuchar sobre la persona que se fue. Así que, habla de ellos, de esa forma tendrás su atención; si no puedes decir nada de ellos, no importa, busca ganar su atención con alguna otra cosa.

- Cuando tengas su atención diles:

1- En tu cabeza ahora hay muchas preguntas, como, por ejemplo: ¿fui yo?, ¿qué hice tan mal?, ¿qué hice para merecer esto? No quiero más vivir sin él o ella. ¿Cómo haré para estar sin esta persona? Muchas otras cosas, pero la pregunta que seguro estará en tu cabeza es ¿por qué a esta persona?

2- Las preguntas están bien, lo malo es intentar responder.

3- Somos muy limitados para ver y entender en este momento todo lo que está ocurriendo."

4- "Toma tiempo, pero al igual que el día comienza de la noche al amanecer, todo se irá aclarando. Tal vez no llegues a ver todo el brillo de la mañana, pero algún día lograrás ver con claridad."

5- Llora las veces que puedas, pero cuando puedas, llora con alguien. Puedes buscar a los familiares que aún te quedan. Ellos también están sufriendo y es bueno que intentes sanar tus heridas con sus abrazos.

6- Búscalos, ellos no saben cómo llegar a ti. Tienen miedo a dañarte aún más. No son ellos los que perdieron un hijo y acercarse a ti en este tiempo puede ser difícil para ellos."

7- Algún día sentirás que perdiste mucho, pero piensa esto, aún puedas perder más. No te dejes, solo intenta no perder nada más, observa a tu alrededor."

8- Es lento, pero el levantarte cada día y seguir con una sonrisa en el rostro va sanarte. Hazlo por fe, eso funciona, y mejor aún, tu sonrisa va sanar también a tu familia. Tu felicidad es la de ellos y de a poco, algún día todos serán plenos en la nueva vida que desde hoy tienen que aprender a vivirla; tal vez no pronto, pero algún día tendrás recuerdos nuevos y, sin tristeza, dirás que a ese ser amado le hubiera encantado ver esto.

De seguro dirás: "¡Sé que lo vieron!" Cuando ese día llegue sabrás que las heridas sanaron, que quien partió realmente nunca se fue y que debes recordarlo así como era. ¡Estas memorias pueden hacer tu vida feliz hasta el día que los vuelvas a ver!"

- Si eres hijo y quieres abrazar a tu padre o madre, hazlo, y si eres un padre y necesitas un abrazo de tu hijo con vida, pídeselo. En esta nueva etapa de sus vidas, la comunicación deberá ser más clara que antes porque así se inicia una convivencia sana.

- La muerte es parecida a un nacimiento. Lo diferente es la expectativa y los sentimientos; en uno hay alegría, y en el otro reina la tristeza, pero en ambos casos necesitamos comenzar a cambiar el ritmo de vida. En ambos casos necesitamos intentar ordenar y armar una nueva estrategia de vida.

En este tiempo, establece nuevas metas a corto plazo e intenta cumplirlas, sino puedes llevarlo a cabo un día, no importa, intenta el otro día y así, paso a paso. Cuando estés listo, comienza a establecer de nuevo metas con la familia que aún te queda e intenten entre todos sanar juntos. Eso ayuda.

- Creer que no es justo rehacer tu vida porque lo vas a olvidar o porque no mereces felicidad si tu ser amado ya no está, es solo una mentira en tu mente. El ser querido que perdiste permanecerá en la forma que tú quieras que esté porque ellos viven en tus recuerdos y esos nadie te los puede robar."

- Hacer nuevos recuerdos puede ayudar a sanar, pero estos no borran los recuerdos anteriores. Por ejemplo, es mentira que ir con otra gente al parque al que siempre ibas con tu ser querido hará que tus recuerdos viejos se borren.

Lo que pasará es que mirando lo que está ocurriendo, recordarás lo que viviste con esa persona, y eso hará que salga una sonrisa de lo más profundo de tu ser. Es así como podrás tener vivos sus recuerdos, vivos y sanos. No tengas miedo, inténtalo.

- Alejarse de las personas no correctas es tan importante como buscar las correctas. La persona correcta no es la que te victimiza: es la que te ayuda a ganar fe.

ALTO PARA SANAR

He compartido contigo mi lado vulnerable porque quiero que te sientas identificado. Quiero que sepas que, con la ayuda de Dios, he logrado convertir el dolor en acción.

Debido a que mi duelo fue provocado por un accidente de tránsito, me convertí en una activista social en esta área. Quiero que contestes esta pregunta: ¿A qué acción sientes que tu duelo te está llamando? Si tu dolor es debido al mismo problema que yo atravesé, únete a nosotros en Seguridad en las Rutas (SER). En la última página de este libro encontrarás mayor información.

Tengo una gran amiga que es mi comadre Luly y, gracias a Dios, hoy día también es mi compañera de trabajo. Esta mañana, ella me recordó que el día comienza a las 12 am (media noche) y que ella había escuchado un mensaje sobre eso.

El predicador preguntó: "¿Por qué el día comienza a las 12 am? Ese también es el momento más oscuro del día". Mi amiga me contó que el predicador respondió que el día comienza en la noche porque Dios nos manda a descansar; durante las horas de oscuridad nosotros descansamos y él toma el control y nos despierta cuando llega la luz.

Esa noche del 20 de agosto, yo no sabía qué iba pasar conmigo y mi familia. Parecía como que esa noche jamás acabaría. Si yo hubiese sabido que Dios me estaba invitando a descansar por la noche y que él está al control en ese tiempo, nos hubiésemos evitado mucho dolor, mis padres y yo. Hoy, tal vez estás en esa hora, a las 12 am, en el momento más oscuro del día, pero quiero que sepas que en este tiempo solo tienes que descansar y él tomará el control. Cuando amanezca, él te despertará. ¡Solo inténtalo!

¡Solo confía en él y déjate llevar!

Meditaciones

_____

_____

_____

_____

_____

_____

_____

_____

_____

_____

_____

_____

_____

_____

_____

_____

_____

BELLEZA INESPERADA

4

SOLO OBSERVAR

Los días pasaban, las noches llegaban y un mes era igual al otro. Lo único que importaba en el mes era el 20 porque era el día en que yo contaba: "ya pasó un mes, ya van dos... tres..." Y así, yo solo podía mirar; solo podía observar y observar. No había ni una sola palabra en mí que podía salir de mi corazón para consolar a mis padres porque mi corazón estaba seco, totalmente seco.

Me aferré a mi hijo y, porque tenía veintiún años en ese momento y con lo que había ocurrido en mi familia, tomé malas decisiones para mí y mi bebé de dos años. Comencé a beber y fumar sin medida, salir a discotecas y lugares similares para encontrar una salida. Inclusive, ese mismo año, en Año Nuevo salí a bailar, ¡Guau! Sí, salí a bailar dejando a mis padres con todo su dolor y también a mi hijo. Cuando lo pienso, solo me avergüenza, pero ahora que han pasado los años puedo analizar mi comportamiento y entender el porqué lo hice.

¿Recuerdas cuando te conté que mi papá era prófugo y mi hermana mayor me dijo que no llorara delante de papá y mamá? Claro está que cuando mis hermanas murieron, esas palabras cobraron vida en mí. Únicamente abracé y lloré con mis padres el día del funeral y luego coloqué una barrera entre ellos y yo, pensando que les estaba haciendo un bien. Para mí, el día de luto no era el 20 de cada mes, era el 19. Yo me encerraba y lloraba profundamente todo ese día para el 20 poder estar fuerte.

Aún recuerdo esos momentos de encierro y en la primera Navidad que pasamos sin ellas.

Fue de lo peor, no había nada, ni luces, ni árboles, nada en mi casa y mucho menos la cena navideña. Para no escuchar el lamento de mis padres, a media noche me fui e hice dormir a mi hijo. Yo también me dormí porque sabía que no podría soportar el no llorar con mis padres por ellas. Sin embargo, no sabía que mis acciones estaban creando un abismo entre mis padres y yo.

El diablo hace eso, separa cuando hay un dolor así de grande; como un efecto dominó, todo se viene abajo. Incontables veces pensé en quitarme la vida, pero por la misericordia de Dios, nos mantuvo a todos con vida, tanto mis padres como a mi hijo y a mí. Yo creía que la muerte de mis hermanas era injusta; hasta habían momentos en los cuales les hablaba con odio en mi corazón y les decía: "Qué bueno que ustedes ya partieron felices. Ambas me dejaron todo a mí. Todo esto. Qué fácil la vida de ustedes, solo viven y mueren, mientras yo me quedó aquí, con esta vida en donde mi único futuro es el dolor. ¿Por qué me hicieron eso?, ¿cómo podré vivir así?"

Mis padres algunas veces, en cualquier lugar, se tiraban al piso y comenzaban a llorar sin consuelo, tal vez porque escuchaban alguna canción que les gustaba a mis hermanas o veían algo que ellas habían querido. Yo, que estaba con ellos, tenía que encargarme que mi hermano e hijo no vieran eso. Tenía que levantarlos y ayudarles a caminar al auto.

Vivía preocupada pensando qué sucedería si de repente ellos comenzaran a llorar desconsoladamente mientras estaban conduciendo. O si en mi ausencia se desmayaban por la tristeza y nadie podría ayudarles. Fue un año muy duro y de muchas preguntas. Le hice a Dios la misma interrogante desde ese año y hasta el 2008: "¿Por qué me dejó? ¿Por qué no me llevó a mí también?". Miles de veces le cuestioné y Dios no me contestó.

El 4 de julio de 2001, recibí una llamada rara de mi papá. Él estaba como a 300 km de distancia cuando me dijo: "No veas las noticias y no creas nada de lo que te dicen." Yo le pregunté: "¿Por qué? ¿Qué pasó?" Y me respondió: "Me capturaron y me están llevando preso…" Esas palabras causaron un nuevo dolor en mi vida. Junto a mi abuela materna intentamos hablar con mi mamá, quien también estaba con mi papá, pero no tuvimos éxito.

Cuando por fin tuvimos noticias, nos dijeron que mis padres estaban en la prisión militar. Mi abuela y yo fuimos, y también nos acompañaron los amigos de mis hermanas, quienes nos habían apoyado desde que ellas fallecieron. Cuando llegamos junto a mi papá, pude ver en su rostro el cansancio de una vida miserable, pude ver el dolor y la angustia hasta no poder más. Fue allí cuando el diablo comenzó a manipular mi mente y corazón, pero la misericordia de Dios estaba conmigo desde el día que me formó, solo faltaba que yo lo viera (Jeremías 1:5).

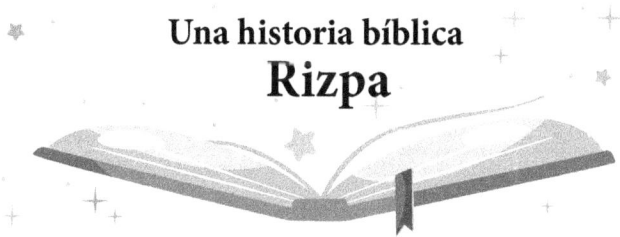

Una historia bíblica
Rizpa

Rizpa fue una concubina del rey Saúl con quien tuvo dos hijos. Cuando David subió al trono, fue interpelado por los gabaonitas por los crímenes que Saúl cometió contra ellos. Por lo cual, David consultó a Jehová y recibió la autorización para negociar.

El rey comprobó que en el corazón de esta gente ardía un deseo de venganza que no contemplaba indemnización económica ni represalias contra los israelitas, sino específicamente querían la ejecución pública de siete descendientes de Saúl.

David supo que quedaban los dos hijos varones que tuvo con Rizpa y también cinco nietos, de parte de su hija Merab. Estos servirían muy bien los propósitos de los gabaonitas y David no demoró en entregárselos para que ellos los ejecutaran. Esta triste historia la encontramos en 2 Samuel 21:1-14.

Estos jóvenes fueron ahorcados y, de acuerdo al registro bíblico, estuvieron seis meses aproximadamente sin ser sepultados. Una de las humillaciones más grandes que podía sufrir una persona y sus familias era ese tipo de muerte donde no había sepultura honrosa. Donde los animales salvajes los desmembraban poco a poco. Sin embargo, esta madre estuvo junto a los cuerpos de sus hijos día tras día, noche tras noche allí, sin permitir que las aves de rapiña hicieran estragos con sus cuerpos. Su amor de madre era tal, que estaba dispuesta a entregar su vida, a sabiendas, que "el muerto nada sabe", pero eran sus hijos.

"Entonces Rizpa hija de Aja tomó una tela de cilicio y la tendió para sí sobre el peñasco, desde el principio de la siega hasta que llovió sobre ellos agua del cielo; y no dejó que ninguna ave del cielo se posase sobre ellos de día, ni fieras del campo de noche. Y fue dicho a David lo que hacía Rizpa hija de Aja, concubina de Saúl" (2 Samuel 21:10-11 RVR1960).

El David rey valoró su amor y fidelidad por sus hijos y ordenó que se le diera una honrosa sepultura. En la actitud de esta madre podemos observar cómo accionó en favor de sus hijos muertos. Ella hizo cumplir uno de los derechos de los judíos: el entierro. Sé que Rizpa puede ser el ejemplo bíblico de aquella madre que hace lo que sea por sus hijos; madres abnegadas, entregadas y decididas.

Pero la historia de Rizpa es la historia de una madre que perdió a sus hijos y que, al pasar por ese gran duelo, decidió hacer por ellos el último deber de un judío, el darles un entierro digno.

Ella no solo transformó su dolor en acción, sino que lo hizo aún cuando sus hijos ya no estaban para agradecerlo. Su dolor la encauzó a un acto de extrema fuerza, fe y valor.

Rizpa actuó activamente por esta creencia y estaba dispuesta a conseguir que sus hijos tuvieran un entierro digno y así, limpiar sus nombres o simplemente demostrarnos que debemos actuar con valor frente a una injusticia. Por ejemplo, todos sabemos que el cinturón de seguridad puede salvarnos la vida, pero a veces lo usamos y otras no.

Las madres y familias de víctimas que están en SER trabajan activamente en recordarte que esto puede ayudarte y de ese modo utilizan su tiempo en honrar a sus hijos y para enseñar a otros.

Rizpa hizo eso, le demostró al rey y a todo Israel que ella tenía presente uno de los derechos de los judíos, que era ser enterrado dignamente, y exigió con su actuar que sea cumplido.

Creo que a veces el dolor nos ciega y nos paraliza. Lo sé, no es fácil, pero creo que debemos aprender de esta historia y comenzar a activar nuestro amor por los que ya no están y, en su honor, realizar acciones que ayuden o recuerden a otros cómo deben actuar.

Te invito a ti, que estás pasando por momentos de dolor, a que te unas a nosotros y conviertas esa angustia en acciones positivas.

¡Dios te dará las fuerzas necesarias!

ALTO PARA SANAR

Aunque en este momento se vea todo oscuro, recuerda: existe un amanecer. En el amanecer, el duelo cambia. Se van los sentimientos del dolor y comienzas a guardar los recuerdos en tu corazón.

¿Qué cosas haces hoy para respetar o recordar de manera sana aquellos que amas y ya no están con nosotros?

Dios entiende tu dolor. Recordé esta semana que Dios sabe sobre el duelo porque él mismo pasó 33 años sabiendo que su hijo moriría por nosotros. Puedes confiar en él y dejar de solo observar y comenzar a actuar. No permitas que esto te paralice, como a mí; busca su ayuda, él está allí para dártela simplemente porque te ama, ¡y mira cómo te ama!

"Porque tanto amó Dios al mundo que dio a su Hijo unigénito, para que todo el que cree en él no se pierda, sino que tenga vida eterna."
(Juan 3:16 RVR1960)

Meditaciones

_____

_____

_____

_____

_____

_____

_____

_____

_____

_____

_____

_____

_____

_____

_____

BELLEZA INESPERADA

5

EL PODER DE SU AMOR

Existe un refrán que dice que Dios aprieta, pero no ahorca.
Yo lo cambié por: "El tiempo de Dios es perfecto".

Pasaron 4 días del encierro de mi papá y el dictamen según los antecedentes era de prisión mínimo de dos a tres años y luego, arresto domiciliario. Mi mamá se mudó de la ciudad del este y junto con papá vinieron a vivir en el departamento conmigo, mi hijo y mi hermano. Los cinco estuvimos juntos y, aunque muy dañados, pero estábamos juntos.

La convivencia comenzó de nuevo entre los tres adultos y los dos niños. Yo estaba ya divorciada y con veintiún años, tenía el peso de vivir con mis padres dolidos, y dos bebés, mi hijo y mi hermano. La presión no hizo de mí una mejor persona, que es lo que me hubiese gustado escribir aquí, muy por el contrario, me dejó tan herida, que sólo tenía amargura, y las palabras que me repetía constantemente eran: "¡Qué carga!".

El enemigo se encargó de colocar en mi corazón y mente tanto dolor que solo me cegaba cada día más. Él me engañaba diciéndome que me había quedado para sufrir y para ser bastón de mis padres y para verlos sufrir. Cada día quería expresar la rabia que tenía y poder hacer las preguntas que yo me hacía en secreto "¿cómo y por qué Dios me dejó a mí con vida?"

En el año 2001 comencé una pasantía de trabajo en una entidad muy importante en mi país. Allí conocí a una persona, que hoy entiendo que Dios envió para comenzar un proceso de salvación y reencuentro con Jesús, que venía de un hogar cristiano.

Aunque hasta hoy, según yo, él no está totalmente entregado a Dios, sus hermanas y su mamá sí lo están. Ellas oraban por él y también por mí; y Dios iba preparando ese día de gran encuentro con él.

En el 2002, mi mamá conoció a una persona que le ayudó a conocer a Cristo. Fueron años que, sin saberlo, ambas estábamos en la mirada de Dios y en sus planes. Es mismo año mi mamá aceptó a Jesús en su corazón y comenzó un proceso de sanidad. Ella también se unió a las otras personas que oraban por mí con fervor; sin embargo, mi proceso duro más, hasta el 16 de julio del 2008.

Recuerdo bien esa tarde de jueves, en una famosa panadería llamada Don Iván, (de sólo pensarlo puedo volver a ese día), recibí la llamada de una de mis ex cuñadas. Me dijo: "Majo, te van a recibir en la célula de Mirian Chihan. Es a las 4 de tarde y está cerca de tu trabajo". Ella, en esa tarde, no solo me hizo una invitación, sino que fue cómplice de Dios para que comience mi proceso de sanidad. Con mucho dolor, amargura y malas decisiones en mi vida, fui a esa reunión, sin imaginar que Dios tenía esa tarde planeada para mí, mucho antes que yo naciera. La planeó como un novio que va y pide matrimonio a su novia. Cuando llegué al lugar; me recibió mi querida y gran amiga, la dueña de la casa, Mary.

Ella me dio la bienvenida y, con mucho amor y misericordia, me hizo sentir en casa. Después que todos llegaron, comenzó la célula. No recuerdo bien cuál fue el tema de ese día, pero sí me acuerdo cuando la líder le pidió a otra amiga, Rossana, que ore por mí. Ella oró y cuando terminó, ya mi corazón comenzaba a ser transformado lentamente. En eso, Mary le pidió permiso a la líder para decirme algunas palabras.

Yo no entendí de qué se trataba, pero solo agradecí.

Ella me leyó Salmos 2:7-9 (RVR1960): "Yo publicaré el decreto; Jehová me ha dicho: Mi hijo eres tú; yo te engendré hoy. Pídeme, y te daré por herencia las naciones, y como posesión tuya los confines de la tierra. Los quebrantarás con vara de hierro; como vasija de alfarero los desmenuzarás."

Al finalizar la reunión, Mirian me dio un fuerte abrazo y con su tierna voz me dijo que esperaba verme en la reunión el siguiente jueves. Comencé a llorar sin saber po rqué y entonces, otra gran amiga, Cinthia, se me acercó y me preguntó tímidamente si podía orar por mí. Le dije que sí, y sus palabras calaron profundamente en mi corazón cuando ella me dijo: "Deja de preguntarte porqué te quedaste, porqué no te fuiste con ellas."

Sorprendida, abrí los ojos y la miré pensando cómo sabía eso. Pero en ese instante llegó la respuesta. Sentí que alguien le decía a mi corazón: "Yo le dije todo. Yo estoy aquí. Siempre te vi y siempre estuve a tu lado en cada lágrima de cada día de soledad, en cada momento oscuro, en cada valle, en cada desierto; pero no podía ir en contra de mis tiempos y en contra de mis planes. Así como sufrí al ver la crucifixión de mi amado Hijo, así también yo sufría por ti."

Tras sentir esas palabras, salí de ese lugar llorando de dolor desconsoladamente. Al subir a mi auto, la radio estaba encendida y en una estación radial secular sonaba una canción que decía:

Aquí estoy yo para hacerte reír una vez más
Confía en mí, deja tus miedos atrás y ya te verás
Aquí estoy yo con un beso quemándome los labios
Es para ti, puede tu vida cambiar, déjame entrar
Le pido al sol que una estrella azul
Viaje hasta a ti y te enamore su luz

Aquí estoy yo, abriéndote mi corazón
Llenando tu falta de amor, cerrándole el paso al dolor
No temas yo te cuidaré, solo acéptame.
Aquí estoy para darte mi fuerza y mi aliento
Y ayudarte a pintar mariposas en la oscuridad,
serán de verdad
Quiero ser yo el que despierte en ti un nuevo sentimiento
Y te enseñe a creer y entregarte otra vez sin
medir los abrazos quedes
Le pido a Dios, un toque de inspiración
Para decir lo que tu esperas oír de mí
Aquí estoy yo, abriéndote mi corazón
Llenando tu falta de amor, cerrándole el paso al dolor
No temas yo te cuidaré, solo acéptame
Dame tus alas, las voy a curar
Y de mi mano te invito a volar.

Puede que esas letras sean de un enamorado a su amada, pero yo las vi como si fueran de Jesús para mí. Yo no escuchaba canciones cristianas en ese momento y aún así, Dios usó esa música para hablarme de su amor.

Me encantaría decirte que mi encuentro con Jesús fue entre las nubes y lleno de ángeles, pero lo real es que entregué mi vida a Jesús con una canción secular después de una bella merienda con mujeres que lo aman y sirven. En ese momento le dije: "Sí, quiero. Quiero dejarte entrar en mi vida, quiero que vivas en mi vida, que sanes mis heridas, que me des alas y me enseñes a volar, y quiero que llenes mi falta de amor. ¡Quiero todo eso!" Y así comenzó esta gran historia entre mi amado Jesús y yo.

Puedo decirles con certeza que solo él me sanó, llenó el vacío que tenía en mi vida, me enseñó a ser hija y a llorar con mis padres por la partida de mis hermanas.

Él me dijo vertiera mis lágrimas porque todo ese llanto sería convertido en bendiciones y alegrías. Yo podía sentir cada día que con amor y cuidados tomaba mi corazón en sus manos y lo sanaba.

Desde ese día, cada jueves se volvió un tiempo de sanidad, de conocer a un Dios que jamás había visto, un Dios que me amaba y prometía tanto. Las chicas de esa célula me cuidaban con amor y me enseñaban sobre su gracia y bondad. Desde esa tarde, mi vida cambió para siempre.

Aquella fue la mejor merienda de mi vida y jamás la podré olvidar. Ese encuentro fue planeado por alguien que me ama, él cuidó cada detalle y lo hizo todo perfecto ¡y sigue haciéndolo! Hoy puedo ver que todo lo ocurrido y lo que sigue pasando en mi vida fue: "El poder de su amor".

Una tarde, ya sana, con mi autoestima completa y con muchas promesas para mi vida y la de mi hijo, sentí que Dios me preguntaba: "¿Majo, me amas?" Y yo le respondí: "¡Sí! Te amo" Entonces, él me dijo "Yo sé que me amas. Lo veo y lo siento." En ese momento, el Señor me mostró un versículo.

Juan 3:16 (NVI):
"Porque tanto amó Dios al mundo que dio a su Hijo unigénito, para que todo el que cree en él no se pierda, sino que tenga vida eterna."

Hoy me pregunto, qué hubiera sido de mi vida si yo no hubiese aceptado esa invitación de Eloísa, mi ex cuñada, para ir a la célula. No quiero ni imaginar el decirle no una vez más a mi Jesús. Él eligió el momento y lugar perfecto para que yo lo conociera. En la actualidad, 10 años después de haber decidido aceptar lo en mi vida, veo lo importante que es tener un grupo de mujeres llámalo célula.

Dios usó la vida de aquellas mujeres para ayudarme a saber de Jesús. Hoy que soy líder, he entendido que es crucial que nos dejemos usar por el Señor y seamos instrumentos de bendición en nuestros hogares.

Él nos puede usar como medio para sanar personas y hacer que entiendan del verdadero amor. Es por ello que considero que tener una célula no es una opción, es una misión.

Soy el vivo ejemplo de una persona que comenzó a sanar y conoció el amor de Dios gracias a una mesa de comedor rodeada de mujeres que lo aman.

Quiero animarte a que busques del él. No pierdas ni un solo segundo para ser de ayuda a quienes se encuentran a tu alrededor. Muchas *Majos* y están esperando una palabra o un abrazo que salve su vida.

No pierdas tiempo. Busca ya a estas personas y permite que ellas sean compañía en el viaje para conocer a Dios.

Si él fue capaz de dar a su único Hijo por amor a nosotros ¿qué no sería capaz de hacer por ti? ¿Crees que un problema de salud, económico o el dolor por la pérdida de algún ser querido te hará que nuestro Creador deje de amarte? Si dio a su único Hijo, ¿crees que te negaría algún otro anhelo de tu corazón? Yo creo que no. Creo que él concederá los deseos de tu corazón porque es el dueño y Señor de todo lo que existe.

Así como aquella vez, Dios me preguntó si yo lo amaba, mi pregunta para ti es ¿sabes que él te ama? ¿Qué te falta?, ¿qué anhelas?, ¿cuál es tu temor?, ¿qué te ha herido?

Te invito a que creas que él te ama y compruebes del poder de su amor.

Una historia bíblica
María, madre de Jesús

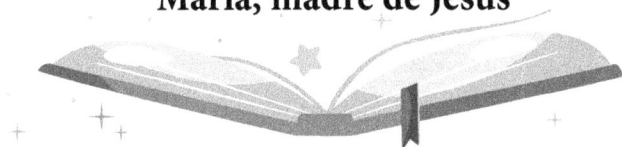

Leyendo los versículos acerca la muerte de Jesús, no se puede analizar mucho el dolor de María, pero podemos imaginar que cayó de rodillas porque el dolor era indescriptible.

Seguramente, en sus oídos retumbaba el último gemido de dolor de su hijo antes de morir tras sufrir horas y horas de tortura. También podemos imaginar el dolor de nuestro Dios mismo. La Biblia dice que el cielo se oscureció, pese a que estaban en pleno día, y la tierra se sacudió con violencia (Mateo 27:45, 51). Esa era una manera que Jehová estaba hablándole al mundo, diciéndole que no había nadie a quien le hubiera dolido más la muerte de Jesús que a él.

Allí, en el Gólgota, o "Lugar del Cráneo", mientras las tinieblas daban paso a la luz del atardecer, María lloraba a su hijo (Juan 19:17, 25).

De seguro que su mente estaba inundada de recuerdos. Probablemente le viniera uno en particular a la mente: treinta y tres años atrás, ella y José habían llevado a su querido bebé a Jerusalén para presentarlo en el templo.

En ese lugar, un anciano llamado Simeón profetizó y predijo cosas extraordinarias sobre el niño, pero también mencionó que un día, María sentiría una larga espada atravesarle el corazón (Lucas 2:25-35).

Solo en ese momento tan trágico logró comprender el significado de aquellas palabras.

Se ha dicho que la muerte de un hijo es el dolor más intenso que puede sufrir el ser humano. La muerte es un espantoso enemigo y, de un modo u otro, nos hiere a todos (Romanos 5:12; 1 Corintios 15:26).

¿Es posible sobrevivir a sus heridas? El análisis de la vida de María, desde el comienzo del ministerio de Jesús hasta un poco después de su muerte, nos enseñará mucho sobre la fe que la ayudó a resistir un golpe tan terrible.

Pienso en María luego de la muerte de Jesús y veo a una mujer llena de fuerzas, fuerzas que obtuvo gracias a la comunión con Dios, y porque ella mejor que nadie sabía el plan de su hijo para y con nosotros: el plan de salvación.

Veo a una María llena de recuerdos y dolor por su pérdida, pero segura que ahora tiene que seguir con lo que su hijo inició y compartir el plan de salvación por todo el mundo. La Biblia menciona poco a María en esto, pero yo puedo ver y sentir entre líneas que ella fue una piedra fuerte entre los apóstoles y las personas que seguían a Jesús. Hasta puedo imaginarla armando grupos de dos para cumplir con el pedido de Jesús en pentecostés.

Definitivamente para mí, María transformó su dolor en acciones positivas. Creo que ella evangelizó a muchas personas, no solo por ser la madre de Jesús, sino por el compromiso que tenía con la visión y con el plan que su hijo vino a cumplir en este mundo.

En este tiempo de trabajo con padres y madres que perdieron a sus hijos, puedo ver también esa motivación; el saber que sus hijos vinieron a este mundo con un propósito y que su muerte repentina también tiene un propósito.

Creo que esos son padres saludables porque saben reconocer el propósito de Dios en todo tipo de situación. Entender que podemos accionar y buscar que se expanda una visión ayuda a manejar el momento del duelo.

Es exactamente lo que Dios quiere y busca de nuestro proceso de duelo. Pienso que María es un ejemplo para nosotros. Ella era una mujer de carne y hueso como cualquiera de nosotras, pero sabía quién era su hijo y cuál era su propósito en esta tierra. Ella comprendió que la razón por la cual Jesús vino al mundo no terminó con su muerte, al contrario, allí comenzó.

De ella podemos ver que la restitución viene por la acción y desarrollo de una visión. Para mí, ella es mi mayor ejemplo a seguir en un momento de dolor por la pérdida repentina de un ser querido.

Te invito a seguir los pasos de María después del duelo y a encontrar tu misión. Yo sé de varias personas más que, al igual que yo, convirtieron su dolor en una buena acción. Este también puede ser tu caso y de a poco ir transformando tu vida y la de los que te rodean.

ALTO PARA SANAR Hallas la *Belleza Inesperada* cuando descubres que el duelo es una noche oscura que va camino a un nuevo amanecer. Esto es, cuando el duelo que hacemos va de la mano de Dios.

Este libro te ayuda a no quedarte en la noche más tiempo del necesario, que entiendas que, aunque estás experimentando la oscuridad, o si aún te encuentras en la hora más oscura del día, esta temporada de tu vida no es tu destino final.

Te invito a caminar hacia tu amanecer. Lo que busco con este libro es que todos aquellos que hoy luchan con el dolor de una pérdida, puedan caminar hacia su amanecer después del duelo.

Te recuerdo nuevamente: En el amanecer, el duelo cambia. Se van los sentimientos del dolor y se quedan los buenos recuerdos en el corazón.

Meditaciones

_____

_____

_____

_____

_____

_____

_____

_____

_____

_____

_____

_____

6

NOCHES DE AMOR Y PACTOS

Mujer profesional, divorciada, adulta y con un hijo...
¡cómo duelen esos sábados de soledad! Mientras la
mayoría de tus amigas están en sus hogares con sus esposos
o por lo menos con sus novios, y tú, allí, cuidando a tu hijo,
sola. Eso me decía el diablo cada noche, especialmente las
noches de los sábados. Esto ocurría después que mi hijo se
durmiera. Me ponía a llorar y llorar, siempre por el mismo
dolor, el dolor de estar sola a mis 29 años. Noche tras noche
venía a mi corazón y mente los mismos pensamientos de
condena: "Nadie va quererte. Ya eres adulta y encima de todo
eso, tienes un hijo."

Un día, una amiga, Margaret, me regaló un CD que contenía
una prédica de un pastor de jóvenes llamado Dante Gebel.
A través de él escuché las Palabras de Dios. Él decía que si
no eres completa sola, no serás completa en pareja; decía
también que "el indicado está en algún lugar del mundo,
preparándose para ti; y también debes permitir que Dios te
prepare para ese encuentro". Yo pensaba que ese pensamiento
era como cocinar un buen plato: necesita tiempo para estar
listo. Eso encendió mi deseo por buscar más de Dios.

En ese tiempo no usábamos YouTube, así que me dediqué
a comprar muchísimas prédicas en DVD para verlas cada
noche. En ese mismo período, mi líder de célula me ordenó
ir a otra célula porque ella quería que yo me rodeara de chicas
de mi edad.

Es así como llegué a estar en dos células, los martes y jueves.
Además, asistía los domingos a la iglesia, y si había congresos
o charlas, allí estaba yo, presente.

Mi anhelo por Dios crecía cada día más. Iba a todo tipo de eventos, ya sea para líderes, matrimonios, jóvenes, padres, etc., todo lo que estuviera disponible. Cuando llegaba a casa escuchaba lo que Dios tenía para mí por medio de las prédicas de sus siervos. Ese año yo aprendí a solo escuchar a mi Dios, escuchar su voz de sanidad, sus planes para mí y sus promesas. A diario tomaba notas de todo lo que él decía que iba hacer conmigo y con mi hijo; y al siguiente día me despertaba aún con más ansias del Señor.

Fue así como los días de dolor comenzaron a acortarse y mis heridas comenzaron a sanar.

Ese tiempo que pasé llenando mi vida con prédicas y alabanzas fue una especie de preparación para lo que iba venir. Meses atrás, yo estaba en discotecas perdiendo el tiempo y dejando a mi hijo, pero cuando Dios me rescató, cambió mis noches de sábado para capacitarme en mi propia casa y con mi hijo. Te aseguro que era más feliz y plena que nunca y, aunque aún me dolían algunas cosas, tenía más alegrías que tristezas.

Una de esas noches de sábado, mi corazón comenzó a sentir melancolía, tristeza, dolor y comencé a llorar, y lloré tanto que cuando veía las prédicas, lloraba aún más. Escuchar alabanzas tampoco ayudaba a calmar mi llanto. No entendía en ese momento el motivo de tanto dolor, entonces me tiré al piso y comencé a clamar a Dios.

Fue mi primera experiencia de clamor y llanto desesperado. Comencé hablar con él, y como él es fiel a su palabra, me respondió así como dice en Jeremías 33:3 (NVI) "Clama a mí y te responderé, y te daré a conocer cosas grandes y ocultas que tú no sabes".

Esa noche, me hizo sentir en el corazón que debía tomar una hoja y un lápiz y escribir todo lo que yo quería de un esposo y que el Señor me lo daría. Lo que no sabía en ese momento era que ya estaba llena del Espíritu Santo y lo que escribí no era lo que yo quería, sino que en realidad, era lo que él tenía preparado para mí. Aquella noche, él me reveló cómo sería mi esposo.

Entre lágrimas, comencé a escribir una lista de diez cualidades, la primera era que ame a mi hijo, la segunda y más importante, que me haga reír cada día y a toda hora. Más adelante sabrás porqué estas dos primeras descripciones son tan importantes.

Esa noche terminó con ese pacto. Un pacto que escribí guiada por lo que mi espíritu sentía de parte de Dios. Escribí todo y dormí tranquila, y jamás volví a sentirme mal por mi esposo. Después de lo que había acontecido aquel día, sabía por fe que esa persona que describí en ese papel llegaría y que llegaría a su tiempo.

Luego de esa primera noche de amor y pactos, tuve más y más noches así, cada noche Dios me hablaba o enseñaba qué debía hacer cuando llegara ese esposo. Él mismo me enseñó a ser una ayuda idónea perfecta y ¡no te imaginas cómo disfrutaba de cada enseñanza! Esos tiempos fueron realmente noches de amor y refrigerios para mi alma.

Doy gracias a Dios por ser mi ayudador, mi capacitador y mi maestro. Él no solo me instruyó cómo ser una buena esposa, sino que también comencé a ser buena madre y a estar en paz y vivir plenamente mi soltería.

Disfruté mucho esos días, aunque en aquel entonces no sabía que duraría tan poco.

ALTO PARA SANAR

Me gustaría que llenes un contrato con Dios. Te dejo un ejemplo aquí:

CONTRATO ENTRE DIOS Y YO

Este contrato entre Dios y yo comienza el día _____. Estamos de acuerdo en revisarlo dentro de cuatro semanas para ver si necesitamos ajustar algún detalle o establecer nuevas metas.

META 1

Tu nombre:

Se compromete levantarse todos los días de la cama e intentar vivir, y aprovechar el tiempo con los que aún quedan en el camino de la vida.

El primer paso: Reconozco que _____; admito que soy incapaz de controlar mi tendencia a hacer y pensar en lo malo y que mi vida es inmanejable.

"No entiendo lo que me pasa, pues no hago lo que quiero, sino lo que aborrezco. Ahora bien, si hago lo que no quiero, estoy de acuerdo en que la ley es buena; pero, en ese caso, ya no soy yo quien lo lleva a cabo sino el pecado que habita en mí".
(Romanos 7:15-17 NVI)

META 2

I. LA CAUSA DE MI TRISTEZA O DOLOR (por ejemplo tu imagen, otras personas, tus problemas, tu dolor, etc.):

_____

II. LAS CONSECUENCIAS (escribe lo que ves que está pasando a tu alrededor por causa de tu dolor)

_____

"Así que descubro esta ley: que cuando quiero hacer el bien, me acompaña el mal... pero me doy cuenta de que en los miembros de mi cuerpo hay otra ley, que es la ley del pecado. Esta ley lucha contra la ley de mi mente, y me tiene cautivo".
(Romanos 7:21,23 NVI)

Escribe lo que sientes con este pasaje de la Biblia

_____

_____

"Mi fuerza se fue debilitando como al calor del verano, porque día y noche tu mano pesaba sobre mí. Pero te confesé mi pecado, y no te oculté mi maldad. Me dije:
«Voy a confesar mis transgresiones al Señor», y tú perdonaste mi maldad y mi pecado".
(Salmos 32:4-5 NVI)

Escribe lo que sientes con este pasaje de la Biblia

_____

_____

"Nunca tendrás éxito en la vida
si tratas esconder tus pecados. Confiésalos y renuncia a ellos;
entonces Dios mostrará su misericordia sobre ti".
(Proverbios 28:13 DHH)

III. LA CURA (la más importante).
Admitir que no soy Dios significa que sé que soy:
· Incapaz de cambiar.
· Incapaz de controlar.
· Incapaz de enfrentar.

"Dios resiste a los orgullosos, pero da gracia a los humildes."
(Santiago 4:6 NVI)

_____

_____

No te olvides de comprometerte en tu escrito a orar, ayunar y pasar tiempo con él, escuchando canciones cristianas y leyendo la Biblia. Recuerda que necesitas renovar tu mente del dolor y la única forma de hacerlo es leyendo su Palabra.

Te recomiendo orar antes y el mismo Espíritu Santo te mostrará lo que debes hacer. Ahora tienes que escribir qué vas a hacer para desarrollar tu relación con Dios:

_____

_____

DIOS:

Él hará su parte y, en tu caso, así como en el mío, será lo mejor porque cuando él cumple sus promesas, siempre es más de lo que esperas. solo tienes que cumplir con tu parte y él hará el resto.

"Pues, así como los cielos están más altos que la tierra, así mis caminos están más altos que sus caminos y mis pensamientos, más altos que sus pensamientos."
(Isaías 55:9 NTV)

Meditaciones

_____

_____

_____

_____

_____

_____

_____

_____

_____

_____

_____

_____

_____

_____

_____

_____

_____

7

LO QUE ÉL PROMETE, CUMPLE

Habacuc 2:2-3 (RVR1960)
"Y Jehová me respondió, y dijo: Escribe la visión,
y declárala en tablas, para que corra el que leyere en ella.
Aunque la visión tardará aún por un tiempo, más se apresura
hacia el fin, y no mentirá; aunque tardare,
espéralo, porque sin duda vendrá, no tardará."

Una mañana normal de trabajo, recibí la llamada de una muy buena amiga, Liliana Pellón, quien me comentó que me había soñado. Sonriendo, le pregunté si el sueño había sido bueno o malo, a lo cual ella me respondió que era muy bueno. Liliana sabía de mis dolores del alma y corazón, pero lo que no sabía era de mi pacto con Dios. Me dijo que en su sueño yo me había casado con uno de sus amigos. Esta persona no era solo era su amigo, sino que casi fue su cuñado. Pude darme cuenta enseguida que mi amiga apreciaba mucho a este hombre; en un momento dijo: "¿quieres conocerlo? yo quiero que lo conozcas". No me gustaban mucho las citas a ciegas. Ya había pasado por eso y la verdad no me funcionó, pero ella me sugirió que viera su perfil en la plataforma Ourkut (una red social de la época); y así lo hice.

Lo primero que pensé fue que no quería conocerlo, pero luego recordé mi lista y dije ¿por qué no? Volví hablar con Liliana y le pregunté más detalles sobre él.

Mi primera inquietud era si él tenía hijos. Yo pensaba que, por mi condición de divorciada, probablemente me casaría con alguien que tenía hijos, pero mi amiga me dijo que Arnaldo no era así.

Tuve miedo por el hecho de que no tenía al menos un hijo. En el pasado había sufrido mucho por algunas palabras de una ex pareja. Al terminar la relación, ese hombre me dijo que jamás podría casarse conmigo porque yo era divorciada y tenía un hijo. Eso me marcó y hasta ese día no me había dado cuenta de ello. Cuando estuve a punto de conocer a Arnaldo, Dios trató esa herida y me quitó el trauma.

En el cumpleaños de Luna, la hija de mi amiga Lili, llegué con Fabri, mi hijo, y Arnaldo ya estaba allí. Aquel día tuve la oportunidad de conversar y ver ese lado caballeroso y atento de él. Me hizo reír durante toda la reunión y trató muy bien a mi hijo.

Con el tiempo desarrollamos una amistad que no fue nada fácil. Creo que el diablo sabía que Dios iba a hacer algo grande con mi vida y por ese motivo, hizo que yo reviviera los fantasmas y miedos de mi pasado y comencé a comportarme como una niña de 13 años con Arnaldo. Pasaron los días y en una de las últimas niñerías que hice, él ya no quiso ser mi amigo.

Un día, Lili le llamó y le preguntó qué tal iba nuestra amistad. Él le dijo que era obvio que yo no quería nada con él. No le contó detalles, pero mis amigos y vecinos que habían visto nuestra interacción y desarrollo de nuestra amistad, sí le dijeron todo. Ella, muy molesta, me llamó una tarde y con una voz no muy amigable, me dijo muchas palabras que hoy sé que vivieron de parte del mismo Dios; es más, Dios la usó tan grandemente que me conmovió hasta el llanto.

Llorando, me quedé dormida y soñé; en mi sueño me vi en aquella noche del pacto en la cual escribí lo que deseaba de mi esposo. Esa imagen me despertó y fui con prisa a buscar el papel de mi pacto.

Cuando lo encontré y leí, me di cuenta que en cada descripción de cada cualidad, Arnaldo encajaba a la perfección. Lloré y le pedí perdón a Dios. En medio de mis lágrimas, le supliqué que me ayudara a arreglar esa situación porque yo no sabía cómo hacerlo. Él, en su misericordia y en cumplimiento de su plan para nosotros, comenzó a dictarme cada una de las palabras que debía colocar en el mensaje que le envié a Arnaldo.

No recibí respuesta sino hasta después de cuatro horas. Aún recuerdo que al leer su respuesta, en esas líneas vi palabras de misericordia y amor. Esa misma noche supe que él sería mi esposo. Arnaldo cuenta que vio mi mensaje después de ganar un campeonato de fútbol con sus amigos. Él dice que sonrió y que ese mensaje sanó todo lo que yo le hice antes.

Él cuenta que tenía ganas de conocer a la nueva Majo, a la Majo que Dios estaba transformando. En mi mensaje yo le había dicho eso, y junto a su respuesta, me llegó una invitación para cenar la siguiente noche. Ocho meses después de aquella cita, a dos años de haber pactado con Dios, Arnaldo y yo nos casamos.

Hoy, al dar nuestro testimonio sobre el tiempo de amistad que vivimos, nos reímos siempre al recordar de lo que ocurrió, pero la verdad es que si Dios no hubiese *cocinado*, madurado y guiado a mi esposo para tratar conmigo, hoy no estaríamos juntos. Cuando impartimos conferencias para matrimonios tenemos más oportunidad de compartir estos temas. Ojalá algún día escuches nuestra historia y pueda conocerte en persona.

A veces, aún pensando en cómo conocí a mi esposo y lo rápido que él nos unió, le creo que Dios realmente no quería perder tiempo al unir nuestras vidas como esposos y padres de Fabri.

Actualmente suelo tener conversaciones con Dios y, viendo estos siete años que pasaron, le digo: "¿qué fue lo que te hizo mirar mi dolor y rescatarme? ¿Qué fue lo que te hizo pactar conmigo y cumplir esa gran promesa a mi vida?"

La única respuesta que puedo encontrar es que Dios vio mi corazón, que yo lo amaba con toda mi alma y tenía fe en él. Cada vez que hablo de esto con el Señor, solo puedo pensar en lo rápido que nos desanimamos las mujeres solas y lo fácil que es llevar la soltería de la mano del mejor capacitador y del mejor en amor, porque él es amor.

Con mi corrección espiritual también vino la sanidad como hija, como mamá y empecé a aprender a ser mejor esposa. Esas noches con él fueron las mejores de mi vida. En la actualidad tengo noches hermosas con mi esposo y mi hijo, pero creo que las noches de mi pasado fueron mi cimiento para que hoy viva a plenitud. Cuando recuerdo cómo oraba por mi esposo y cómo lloraba y clamaba por él, digo ¡qué fiel es Dios!

Te invito a que sigas leyendo porque, si bien este fue un milagro en mi soltería, también quiero contarte las maravillas que Dios hizo cuando ya estaba casada y para nuestro hijo Fabrizio, o Fernando, como es conocido aquí, en Nueva York, Estados Unidos.

Viaje con propósito

Yo era una persona del clase media en mi país; y pensar en la educación de mi hijo siempre fue un gran desafío. Desde que me casé con Arnaldo, Dios ha sido fiel en nuestras finanzas, pero planear pagar los estudios de Fabri en el exterior era realmente algo fuera de nuestras posibilidades; no obstante, cuando Dios tiene un proyecto de vida para ti, él provee todo.

Una mañana quise saber algo de mi comadre y una de mis mejores amigas de la época de la escuela, Luly. Yo sabía que ella estaba ya hace tiempo viviendo en Kansas, Estados Unidos, así que, le escribí un correo electrónico y le pregunté cómo estaba. Ella respondió después de unos meses y preguntó por su ahijado, Fabri. Yo le comenté que estaba bien, con algunos síntomas de la pubertad, pero todo normal.

A partir de ese día, empezamos a conversar con más frecuencia por correo electrónico. En uno de sus mensajes, ella me expresó su anhelo por llevarse a Fabri a vivir con ella por unos meses. Cuando leí sus palabras, supe que Dios estaba respondiendo a mis oraciones. Él sabía que yo anhelaba que mi hijo haga un intercambio estudiantil, pero el dinero no me alcanzaba; sin embargo, el Señor usó a Luly para iniciar ese gran proyecto de vida para Fabri. Aquel mismo año, en 2014, mi hijo se fue a los Estados Unidos.

Cuando llegó al país, se inscribió en una escuela y allí consiguió contactos que le ayudaron a trasladarse a un mejor centro de estudios. Durante su tiempo en aquel lugar, Fabri tuvo que aprender inglés y empezó de poco a poco.

Cuenta Fabri que una mañana, él y su compañero fueron a mirar la práctica de fútbol americano del equipo de su escuela. Fabri siempre deseó jugar rugby, un deporte muy deporte similar, y cuando estaba viendo el entrenamiento para la temporada de juegos, su compañero le animó a hablar con el entrenador para que se uniera al equipo. Fabri solo iba quedarse en esa ciudad para la primera temporada de fútbol que debía jugar y después tenía que retornar a Paraguay.

Usualmente los entrenadores no permiten que ningún jugador se una al equipo una vez que comienzan los entrenamientos, pero como Dios tenía un plan para Fabri, su compañero no se cansó de insistir para que él se uniera al equipo. Fabri no hablaba inglés y tampoco había jugado nunca ese deporte. Todo esto hizo que mi hijo tenga dudas sobre este asunto.

Mientras tanto, al otro lado del continente, yo me dediqué a realizar una rutina de oración por Fabri. Oraba por él a las tres de la mañana y presentaba ante Dios todas mis peticiones para su vida. En esos días, el Señor me recordó una promesa que me había hecho hace dos años. Su promesa se encuentra en 2 Samuel 7, donde dijo que bendeciría grandemente a mi generación y que esta sería famosa para su gloria y honra. En esa mañana en conexión con Dios, él me confirmó que había llegado el tiempo de cumplir esa promesa.

Mi corazón ardía porque confiaba en sus palabras, pero no tenía ni idea de cómo se haría posible.

Esa tarde en la escuela, el compañero de Fabri habló con el entrenador y le dijo que tenía una persona que podría ayudar en el equipo. El entrenador rechazó la propuesta con un no rotundo y le recordó que la temporada ya estaba muy avanzada. Este joven no se rindió y continuó insistiendo. Le dijo que viera a Fabri, quien se encontraba un poco más atrás de ellos, y al verlo, el entrenador aceptó y le dijo que podía ir a las prácticas ese mismo día. Desde ahí, Dios comenzó a desarrollar el gran sueño de Fabri y de nosotros como familia.

Fabri jugó toda la temporada y fue uno de los mejores en esa escuela en Wichita Kansas. Estoy segura que Dios le dio esas habilidades deportivas porque, de lo contrario, él no hubiera podido lograrlo por su cuenta. Al terminar la temporada, ese entrenador me envió una carta con Fabri, donde decía que él quería que mi hijo volviera a jugar fútbol americano, pero que al terminar el tiempo de su visa, regresaría a Paraguay.

Al recibir esa carta, supe en mi corazón que tenía que hacer hasta lo imposible para que mi hijo continuara en los Estados Unidos. Con ayuda de su madrina, Luly, hicimos todo lo que estaba en nuestro alcance para que Fabri pueda quedarse más tiempo, pero la visa terminó y él tuvo que volver a casa.

Yo tomé la carta que recibí del entrenador como una guía de parte de Dios. Quizás el entrenador ni sabía lo que decía y solo escribió esas palabras por su instinto de motivador y porque veía un gran talento en Fabri. Pero esa carta fue el motivo para que el plan de Dios se cumpla en nuestras vidas.

Es así como, días después que Fabri llegó a casa, en ese febrero del 2015, yo comencé a enviar aplicaciones a todas partes: cursos, becas y lo que sea que hubiera disponible para vivir por un tiempo en los Estados Unidos.

Al mismo tiempo, yo oraba y le decía al Señor: "Tú ordenaste esto, así que tú lo harás realidad. Yo no sé ni qué hacer porque en todas las becas o cursos piden un nivel avanzado de inglés y definitivamente yo no califico, pero sé que tú harás que suceda".

Una mañana comencé a buscar más becas para aplicar y sentí que el Espíritu Santo me animaba a enviar una carta al embajador de Paraguay en los Estados Unidos.

Previamente, yo ya viajado a ese país en el año 2013 para hacer una visita técnica al Departamento de Transporte.

El embajador me organizó un desayuno con el vice ministro del Departamento de Transporte de EEUU y el director de la Agencia Nacional de Tránsito y Seguridad Vial. Mi visita fue para conocer los detalles de la ley y de la administración de la Agencia de Seguridad Vial y tener asesoría de parte de ellos.

Mi intención era aprender todo lo posible para ver si podíamos aplicarlo también en Paraguay, ya que en esos años, yo como, representante legal de Seguridad en las Rutas, impulsábamos la primera ley de tránsito y seguridad vial de nuestro país.

Con ese antecedente, escribí una carta al embajador solicitándole ayuda para realizar cursos en la Agencia Nacional de Tránsito y Seguridad Vial del gobierno americano que en ese desayuno ellos mismos me habían ofrecido.

El embajador recordó nuestra visita al Departamento de Transporte y dijo que esa reunión era histórica porque ese departamento jamás había recibido a ninguna comitiva civil Paraguay. No pasaron ni dos días cuando recibí una llamada de Washington.

Una trabajadora de la embajada paraguaya me dijo que ellos estaban dispuestos a aceptar mi solicitud, pero que las posibilidades eran muy escasas pues el gobierno americano solo permite a funcionarios del gobierno en su escuela de entrenamiento y que jamás hubo extranjeros -y mucho menos latinos- en sus aulas. Pero como yo sabía que todo esto estaba dentro de los planes de Dios, tuve la convicción que mi caso iba a ser el primero.

Pasaron los días y ella comenzó a escribir correos electrónicos a diferentes personas en el gobierno. Desde ese primer momento, yo sentí que Dios quería que escriba a un señor llamado Martin. Lo conocí en el desayuno de aquella ocasión y, aunque jamás supe qué cargo ocupaba, insistí para que también le escribieran.

Con el pasar de los días, el señor Martin respondió y pidió tiempo para sacar los permisos correspondientes.

Pasaron meses exactamente 5 meses cuando nuevamente recibimos un mensaje de su parte. Nos dijo que el instituto de capacitación para funcionarios públicos, que depende de la Agencia Nacional de Tránsito y Seguridad Vial, estaba complacido en recibirnos a mí y a mi esposo. ¿Por qué también mi esposo? Porque yo no iba a dejarlo. Yo ya sabía que Dios tenía planes para los tres en ese país.

Cuando recibí la noticia de que yo ya tenía una beca en uno de los mejores institutos del mundo en seguridad vial, comencé a ver mi duelo de una forma diferente. Entendí con más claridad porqué yo no me había ido con mis hermanas. Quedó en evidencia que Dios tenía grandes planes para mí y mi familia. Vi que su propósito en marcha durante esos años de preparación en Seguridad en las Rutas, y en los tiempos de comunión con él.

Enfrentar el desarraigo no fue fácil, pero en setiembre de ese mismo año, nos mudamos a los Estados Unidos; y en ese mismo mes mi esposo y yo comenzamos las clases en el Departamento Nacional de Tráfico y Seguridad Vial o National Highway Traffic Safety Administration (NHTSA). Asimismo, en diciembre, mi hijo Fabri regresó a EEUU, tal y como Dios lo había dispuesto.

Metas a corto y largo plazo para salir del duelo

Esto es solo un ejemplo de lo que hice en mis días más tristes y de cómo Dios me guía para seguir invirtiendo en mi sanidad.

Creo que Dios puede sanarte y lo puede hacer ahora mismo, pero su mayor anhelo es dejarnos, con cada bendición, una enseñanza para que lo podamos compartir con otros.

Debes tener en cuenta esta pequeña guía de 8 pasos.

1. En el momento del duelo, el motor no existe o está dormido, pero cuando comienzas a mirar a tu alrededor, te das cuenta de que aun tienes personas importantes en tu vida.

Desde hoy, ¡¡ellos son tú motor!! Yo miraba a mi hijo Fabri y por él me levantaba cada día y quería seguir con vida, a pesar de que el clima o panorama en mi casa solo me invitaba a la cama y al llanto. Busca tu motor en las personas que aun tienes a tu lado.

2. Tienes que poder cumplir tus metas tú tienes que poder cumplirlas. Sincérate y solo coloca lo que podrás hacer en esa semana, o en ese mes o por los siguientes seis meses.

3. Busca la manera de que tus metas te inviten a tomar acción en tu diario vivir, por ejemplo puedes comenzar con algo simple como bañarte, arreglarte, peinarte, hacerte manicura o pedicura, o tal vez solo salir a dar un paseo con uno de tus hijos o con tu esposo/a. En su compañía encontrarás aliento y sabrás que no estás solo o sola.

4. Es muy importante valorar cada paso o logro que obtienes mientras cumples tus metas. Sería bueno que te recompenses y te tomes un tiempo en valorar cada esfuerzo que realizas.

5. Habla con las personas que se encuentran a su alrededor, esposo, hijo, padres, amigos y comparte tus metas; esto lo hará más real y que te sentirás presionado a cumplirlas, los demás pueden animarte a seguirlas.

6. Es muy importante repasar, por lo menos semanalmente, tus metas y si necesita cambios, hazlo.

7. Plantéate pequeños logros (de manera progresiva), por ejemplo, si en tu duelo no quieres bañarte, pues decide bañarte hoy y así todos los días por tres semanas. O si no quieres salir de la cama pues, háblate y di que lo harás por hoy, levántate de la cama y al menos sal al patio.

8. Necesitas una buena organización, organízate.

Seguramente estás en esos días o meses que aún no puedes encontrar sentido a tu vida. Se entiende que perdiste a alguien muy amado, pero necesitas entender que tu vida vale y, que si aún respiras, es porque aún Dios no cumplió con su propósito en ti, estos ejemplos de metas a corto plazo en tiempos de luto puede ayudarte:

1. Es necesario que te levantes de la cama y tomes un baño, practica esto cada día y todos los días. Establece una hora, y aunque no tengas nada qué hacer (ir al trabajo, escuela, etc.), prepárate como si tuvieras que hacerlo. Volver a la rutina te ayudará; y si tienes que alistarte para el trabajo, escuela o la rutina que sea que tengas que afrontar hoy, hazlo pensando que tomar un baño o no, no hará que esa persona amada vuelva, vestirte bien o mal no hará que vuelva, solo hazlo.

2. Si lograste hacer el ejemplo anterior ¡muy bien hecho! No te olvides de recompensarte por eso. Seguimos con la siguiente meta, si tienes trabajo, escuela o alguna otra actividad por realizar, es importante saber que conserves tu rutina.

El problema viene cuando no tienes en qué ocuparte o cuando terminas tus actividades rutinarias. ¿Qué hacer en esos tiempos libres? A mí me funcionó mantener mi mente ocupada. Los primeros años me dediqué a escuchar prédicas de pastores que me motivaban.

Tú puedes hacer como yo y escuchar prédicas, por lo menos una, en esos momentos. Hoy en día no necesitas comprar vídeos, sino que puedes acceder desde tu celular en YouTube. A mí me gusta mucho escuchar a mi pastor, Emilio Abreu, y a otros predicadores como Joel Osteen, Danilo Montero, Dante Gebel, entre otros.

Ellos son solo algunos de los que, en mi tiempo de soledad, me acompañaron y ayudaron a mi sanidad. Es muy importante recordar que, incluso cuando solo quieras llorar, debes escuchar la prédica de todas formas y con un buen volumen.

Esto te brindará consuelo y esperanza en medio de tu llanto, recuerda también que estas en un proceso de renuevo, nueva vida y entonces tienes que renovar tu mente.

3. Lee libros que te ayuden en este tiempo, por ejemplo, mi libro *Belleza Inesperada*, u otros que te animen a mantener tu mente ocupada. Por medio de la lectura encontrarás que no estás solo en esto. También es bueno que decidas comenzar a leer la Biblia.

En mi libro he añadido ejemplos de metas para personas que creen en Jesús, pero sino crees en él, este es un buen momento para que lo reconozcas como tu único salvador. Anteriormente mencioné la Biblia porque el duelo es un tiempo en donde el diablo trae muchos pensamientos de derrotas y mentiras a tu mente; y la única forma que puedas eliminarlos de tu mente y corazón es cuando tienes a Jesús en tu vida. Él te da fuerzas para aumentar y renovar tu fe, así como dice en Romanos 10:17 (RV1960):

"Así que la fe viene por el oír, y el oír,
por la palabra de Dios."

4. La cuarta y última meta es escribir. Escribe todo lo que te dice Dios en cada prédica, en cada libro y en cada versículo. Estoy segura que te dirá muchas cosas y, quién sabe, tal vez con el tiempo estemos leyendo un libro tuyo; así fue conmigo. El poder escribir lo que sientes y lo que Dios te dice es sanador, alentador e inspirador.

Cuando tengas algo bueno qué escribir hazlo en una agenda o cuaderno como un diario. Es muy importante colocar las fechas e inclusive la hora de cuando Dios te habló. Si tus sentimientos son tristeza o derrota, escríbelas en un papel aparte y al terminar, rómpelo. Creo que de esa forma le estás diciendo a ese mensaje negativo que no tiene cabida en tu mente y que lo estás eliminado de tu vida y renunciando a creer que sea verdad.

No sé qué edad tengas, ni cuáles sean tus preferencias, pero ya que te fue tan bien con las metas a corto plazo después de un duelo, es necesario que ahora tomes papel y lápiz y comiences a escribir las del largo plazo. Tengo algunas anécdotas de las metas que funcionaron en mi vida y también en las de mis padres. **Estos son algunos ejemplos de metas a largo plazo:**

1. Necesitas un grupo de apoyo espiritual y de autoayuda. Las células o grupos de oración tienen como principal objetivo ayudar a que tu vida sane, sin importar el dolor que hayas pasado o estés pasando. Los grupos de auto ayuda está constituidos por personas que se reúnen y que pasaron por la misma situación. Si quieres puedes, únete a los dos, así como lo hicieron y hacen mis padres cada semana, pero si estás bien con tu grupo de célula u oración, está bien; lo importante es que busques personas sanas y te rodees de ellas. Si es necesario, también deberías de ir a un psicólogo y realizar terapias.

2. Como dice en Hebreos 10:25 (RVR1960), "no dejando nuestra congregación, como algunos tienen por costumbre, sino exhortándonos unos a otros; y tanto más, cuanto veis que aquel día se acerca", te aconsejo que, si aún no vas a una iglesia, comiences a congregarte y a aprender más de Dios.

3. Siempre es bueno estudiar.
Sé que algún día, cuando ya hayas sanado tus heridas y tu dolor haya pasado, querrás ayudar a otras personas que están pasando por lo mismo que tú. Por lo tanto, es bueno que tomes algunos cursos de liderazgo o lo que sientas en el corazón que pueda ayudarte a compartir tu experiencia con más personas. ¡Procura capacitarte!

Lo asombroso es que cuando compartes tu historia, das esperanza a otros ¡y obtienes sanidad para tu vida!

Si sientes que ya puedes ayudar a otras personas y que tu sanidad está caminando bien, puedes salir y buscar organizaciones con las cuales colaborar. Por ejemplo, en Seguridad en las Rutas te guiamos en esos primeros pasos. Tal vez puedas dar charlas o participar de algunas de nuestras actividades; y quién sabe, hasta podrías estar listo para liderar grupos o iniciar un grupo pequeño en tu casa.

"Estén siempre preparados para responder a todo el que les pida razón de la esperanza que hay en ustedes. Pero háganlo con gentileza y respeto".
(1 Pedro 3:15-16 NVI)

"Hermanos, si alguien es sorprendido en pecado, ustedes que son espirituales deben restaurarlo con una actitud humilde. Pero cuídese cada uno, porque también puede ser tentado. Ayúdense unos a otros a llevar sus cargas, y así cumplirán la ley de Cristo." (Gálatas 6:1-2 NBD)

ALTO PARA SANAR

Siempre mira adelante. Es importante que las metas que escribas, te agraden y te sientas cómodas con ellas. Esos ejemplos me ayudaron, pero tú puedes encontrar otros que te sirvan.

Lo primordial es siempre recordar que cuesta cumplir las metas que ponemos en nuestra vida.

Al igual que sucede en las empresas comerciales, es arduo alcanzar las metas propuestas, pero una vez que se logran, la recompensa lo es todo. Así también, cumplir tus metas puede llevar más de un día, quizás en un mes o un año no lo logres, pero no importa; inténtalo de nuevo y llegará el día que lo logres.

Recuerda también que desde el primer día que tomaste el papel y lápiz y trazaste tus metas, en el cielo también se registró; y desde ese momento, Dios envió a sus ángeles para guiarte, ayudarte, y pelear contigo la batalla contra el dolor.

Cuando Dios vio tu escrito, estoy segura de que lo tomó como un pacto entre ustedes, y cuando pactamos con él, siempre ganamos.

¡Ánimo!, si yo lo logré, ¡tú también podrás!

Meditaciones

8

SEGURIDAD EN LAS RUTAS

En el capítulo anterior compartí contigo lo que Dios hizo después de sanarme por la pérdida de mis hermanas y los errores que cometí. Ahora quiero contarte cómo Dios me enseñó y capacitó para, primero, canalizar mi dolor y, segundo, convertirlo en algo útil para a otros.

El accidente que sufrieron mis hermanas me hizo darme cuenta lo grave que es la seguridad en el tránsito. Dios utilizó esta dolorosa experiencia y me hizo una profesional en el área de Educación Vial.

"Seguridad en las vías y en la vida"

Es una notable frase. Es importante tener seguridad en las vías, pero también en las cosas de la vida.

1. Seguridad en las vías

Si te pasas un semáforo en rojo, manejas alcoholizado, no respetas las señales de tránsito o no usas el cinturón de seguridad, tendrás sanciones que, en este país, pueden tener consecuencias graves en tu historial de licencia o en el costo de tu seguro.

Sin embargo, a veces pienso que las personas se cuidan porque las reglas son estrictas y las sanciones, caras. Pero ¿qué pasaría si se pudiera manejar en un lugar con reglas, pero sin control ni sanción?, ¿qué sucedería? ¿Cómo sería el comportamiento de las personas? Según mi experiencia, el ser humano en un gran porcentaje no teme ni ama su vida porque piensa "a mí no me va a pasar".

Según la Organización Mundial de la Salud (OMS), cada año mueren cerca de 1,3 millones de personas en las carreteras del mundo entero, y entre 20 y 50 millones padecen traumatismos no mortales. Los accidentes de tránsito son una de las principales causas de muerte en todos los grupos etarios, y la primera entre personas de entre 15 y 29 años. Esta información actualizada en julio de 2017 es una pequeña demostración de mi teoría.

¿Qué tiene que ver esto con el duelo?

Puede que no hayas perdido a tu ser querido en las carreteras, pero quiero contarte que detrás de un duelo o luto no tratado hay un propósito del diablo, y lo que deseo es ayudarte a no caer en sus engaños ni en sus mentiras.

Cuando fallecieron mis hermanas, también partió un gran amigo, excelente persona y querido como un primo para nosotras. Después de unos meses, sus padres nos invitaron a ir al lugar donde había ocurrido ese trágico accidente y estaban inaugurando un hermoso nicho en memoria de ellos. Al llegar, escuché que después de lo ocurrido, ellos se estaban planteando dejar de buscar culpables y responsables de ese accidente. Ellos dijeron que si una persona u otra iba a la cárcel, ellos no iban a recuperar a sus hijos.

Para mí, eso fue algo maravilloso; sus palabras tan honestas brindaron consuelo a mis padres. Recuerdo dar gracias a Dios por aquel gesto, no porque quería o no que el responsable vaya preso, sino por ver a mis padres y a los padres de este muchacho intentar encontrar paz en medio de tanta desesperación y dolor.

Pasaron los años y pude ver que en otros casos siempre se repetía el mismo patrón de culpa o de encontrar un responsable de una muerte trágica.

Veía en madres, padres, hijos, hermanos, en toda la familia, un quiebre tan grande como lo hubo en mi familia, pero en diferentes escenarios.

En los años que trabajé con los grupos de auto ayuda a familias que perdieron a un ser querido en accidente trágico y como conferencista en el aérea de seguridad vial, puede encontrar miles de experiencias diferentes pero con algunos patrones y pensamientos similares.

Algunos ejemplos de lo observado en estos años son:

1. Madres que perdieron hijos culpan a sus esposos, hasta el punto de llegar a divorciarse por no perdonar el hecho de que su cónyuge le prestó su auto a su hijo menor de edad.

2. Madres que ya no quieren continuar con sus vidas porque no saben qué hacer sin su hijo, sin su sonrisa, sin sus cosas tiradas por toda la casa; y simplemente se dejan morir lentamente.

3. Padres que no saben cómo tomar el control de sus vidas tras perder a uno de sus hijos.

4. Hermanos que no saben qué hacer para evitarles dolor a sus padres.

5. Hermanos que buscan salir de la casa todo el día para no ver a sus padres consumidos por la depresión; y en la calle encuentran una salida llamada droga.

6. Hermanos que comienzan a desarrollar trastornos por crecer en un ambiente de dolor y tristeza, y asumen que esa es la única salida y forma de vida que tienen.

7. Madres que cambian los pañales de sus hijos de 23 años porque se cayeron de una moto y tuvieron lesiones graves en la cabeza y hoy actúan como niños de tres años.

8. Madres que culpan a sus hijos porque ahora tienen una nueva vida donde tienen que cuidar un hijo parapléjico o con lesiones mucho más graves a causa de conducir en estado de ebriedad.

9. Madres que lloran porque sus hijos se quedaron paralíticos, mientras que ellos prefieren la muerte a permanecer en una silla de ruedas y por eso culpan a sus padres.

10. Amas de casa, cuyos esposos cayeron de una motocicleta sin casco y quedan parapléjicos, y quienes se ven obligadas a dejar a sus hijos, buscar un empleo y cuidar de sus esposos.

11. Abuelos que tienen que hacerse cargo de los nietos porque los padres ya no están.

12. Abuelos que tienen que enterrar a sus hijos y nietos por este tipo de muertes.

13. Hermanos de los fallecidos que se alejan para siempre de los padres o padres que no quieren ver a sus hijos que se encuentran con vida, porque les recuerdan a sus hijos muertos.

Luego de mucho tiempo comprendí qué hay detrás de estas historias. Pude ver lo que el diablo quiere hacer en nuestras vidas; pude ver que si le permitimos, él, como un efecto dominó, puede destruirnos no solo a nosotros sino también a los demás miembros de nuestras familias y a las personas que más amamos.

Necesitamos ponerle fin a todo esto; y en este versículo yo encontré consuelo.

Juan 10:10 (RVR1960) dice:
"El ladrón no viene sino para hurtar y matar y destruir; yo he venido para que tengan vida, y para que la tengan en abundancia."

2. Seguridad en la vida

Después de pasar por un dolor tan grande, como lo es una pérdida, no es difícil seguir un camino equivocado, y las preguntas y mentiras en tu cabeza son muchas. Es por ello que en los capítulos anteriores mencioné que necesitamos pasar por una reorganización de nuestras vidas, necesitamos lentamente realizar planes a corto y largo plazo con el propósito de iniciar la nueva vida que hoy nos toca vivir.

Así como la llegada de un bebé exige cambios, la muerte nos insta a tomar un rumbo y poder sobrellevar lo que viene. Entiendo que pienses que la llegada de un bebé es un evento emocionante y feliz, por lo cual es fácil reorganizarnos, y que, en cambio, la muerte no es un motivo lindo para comenzar a hacer cambios.

Sin embargo, es un proceso necesario que debemos hacer si no queremos que el ladrón venga a robar y luego matar todo lo que hemos construido. Esa es la razón por la cual es urgente hacer estos cambios.

Santiago 3:16 (RVR1960) dice:
"Porque donde hay celos y contención, allí hay perturbación y toda obra perversa."

Cuando vivimos en medio de la contención, estamos rodeados de perturbación y toda tipo de obras perversas. Déjame decirte que en base a mi experiencia y a las de otras personas con quienes traté, en medio de tanto dolor no podemos ver ese plan demoniaco que nos rodea.

En este capítulo quiero contarte cómo puedes lentamente comenzar a hacer cambios para que este plan se corte para siempre en tu vida y en la de tu generación.

Tenemos que estar conscientes de tres cosas importantes, la primera es que estamos probablemente en el mayor desafío de nuestras vidas y saber que tenemos que poner mucho de nosotros va ayudar. Sé que este no es un tiempo en donde puedas decir que tienes ánimo de saltar ya de la cama, pero serviría que puedas decir que al menos quieres intentarlo por el bien de los que aún están con vida y por ti mismo.

Lo segundo importante es que tu vida no acabó y que el propósito de Dios para ti se va cumplir; entender esto ayuda de una forma extraordinaria a continuar. Lo tercero y más importante es saber que es un tiempo que Dios eligió para guiarte y mostrarte quién es él como Padre.

Mi anhelo es que puedas entender que él quiere una relación de padre e hijo contigo ¡dale la oportunidad de llenar tu vida!

Entiendo que, por donde mires solo puedas ver dolor, desesperación, y de seguro que la pregunta que te acompaña a diario es "¡¿por qué a mí?!" La buena noticia que quiero darte con relación a esta pregunta, que muchos años a mí también me hizo pensar que era una desgraciada y que mi vida no tenía ni un sentido, es todo lo contrario: hoy no lo ves, pero Dios te eligió para revolucionar una generación o para salvar de las garras del diablo a un amigo o a un desconocido.

A pesar de todo lo que estás pensando y sintiendo, Dios te eligió y quiere sanarte para que cuando llegue ese día puedas ver lo bueno que fue contigo en medio de tanto dolor y puedas contarlo a otras personas.

Estoy segura que la respuesta de Dios al "¡¿por qué a mí?!" es "porque te amo y porque sé de lo que estás hecha. Puedo ver tu corazón, puedo verte como un diamante, que a medida que lo pules más y más, se hace fuerte y bello. Allá afuera hay muchas mujeres valiosas, pero tú sobrepasas a todas (Prov. 31:29), y te necesito como instrumento para sanar a mis otros hijos". Imagino varias veces haciendo la pregunta a Dios y él respondiendo eso.

Sonrío al pensar que de alguna forma yo puedo ayudar al Dios llena mi vida y quien hace que este camino que aún me toca seguir, y que se llama vida, esté colmado de esperanza y seguridad y sea llenado por la persona que más me ama: Jesús.

Tal vez sea pronto para pensar en ayudar a Dios, pero te invito que permitas que él te ayude y te sane; que él, con su manos suaves y un pequeño algodón, pueda sanar las heridas de tu corazón. Quiero contarte que él está secando y contando cada una de tus lágrimas y también quiero que sepas que él no está disfrutando para nada de lo que estás pasando.

Un día, en medio de mi dolor, yo le pregunté a Dios: "¿Cómo puedes solo mirarme y dejar pasar mi dolor?"; y con una suave voz, él me respondió: "Es necesario mi silencio. Hasta me duele la espalda al ver tu sufrimiento, pero confía en mí, te levantaras y saldrás más fuerte de todo esto; y lo que voy hacer con tu vida va borrar de tu corazón esta gran pérdida. Haré que tus recuerdos sean hermosos y, que cuando piensas en tus hermanas, solo me agradezcas por hacerte hecho parte de sus vidas.

Cuando mi Hijo estaba solo en esa cruz, muriendo desangrado y agonizando, como cualquier padre que ve sufrir a su hijo, yo quise correr a él, pero si lo hacía y le quitaba esa copa amarga, hoy tú no tendrías acceso a mí. Valió la pena su sufrimiento y también el mío al verlo así". Estas son solo algunas respuestas que en todos estos años Dios me dio.

Hoy sé que todas sus contestaciones son ciertas porque cuando recuerdo a mis hermanas, agradezco a Dios por ellas. Puedo ver a Dios en cielo, en un cuarto de televisión como si fuera a pasar la telenovela de moda, sentado esperando; y cuando va comenzar la función, llama a mis hermanas y luego de suspirar, les dice "a ver, ¿qué hace hoy mi hija amada, su hermana? y puedo verlas correr emocionadas por ocupar las primeras sillas.

ALTO PARA SANAR

Para entender que tu vida sigue, quiero que agarres un vidrio o espejo y soples; de seguro se humedece, pues bien, si así sucedió es porque estás viva.

Quiero darte la bienvenida a tu nueva vida: tendrás días sanos, llenos de alegrías y algunos días serán nublados, y otros un poco oscuros y otros súper oscuros, pero tranquila, todo es parte del proceso. Confía que Dios te sanará y piensa, así como yo, que desde el cielo están mirando cada capítulo de tu vida, e imagina cómo actuarías si ellos estuvieran viéndote así. Sé que puedes levantarte y salir adelante, yo lo hice, así que tú también puedes hacerlo.

Seguridad en las vías y en la vida, claramente necesitamos sujetarnos a las vías y tomar todas las medidas necesarias para que podamos llegar al destino. Esto se aplica en las vías y en la vida.

Sujétate, colócate el cinturón y el casco, disfruta del paisaje y pon atención a las señales. Ellas están ahí para cuidar tu vida y para que llegues al destino final.

Hoy quizás aún no lo experimentes, pero el camino de la mano de Jesús es realmente placentero y, así como el viento, aunque no puedes verlo, sí puedes sentirlo.

De la misma manera, tus seres queridos podrán disfrutar a tu lado de ese gran paseo por tu vida.

Meditaciones

_____

_____

_____

_____

_____

_____

_____

_____

_____

_____

_____

_____

_____

_____

_____

_____

9

EL PROCESO DE DUELO

Desde la noche del 20 de agosto de 2000, mi vida nunca más fue igual, creo que no lo fue para ninguno de nosotros en mi familia, pienso que una muerte repentina y, peor aún dos muertes repentinas, te cambian la vida. Mi primer pensamiento fue que era injusto, me preguntaba qué había hecho para merecer esa tragedia, pensaba en la carga que tenía que afrontar y estaba resentida con mis hermanas por dejarme con el paquete: mis padres. Pensar así fue parte de mi proceso de duelo. Para mí fue como una pelea de hermanos donde recibes un castigo por lo que tu hermana hizo, mientras que tú debes afrontar la responsabilidad por quedarte callada.

Tuve dos etapas de cómo reaccioné ante el duelo, y hoy que ha pasado el tiempo y ya las comprendo, puedo compartirlas contigo:

Primero:

Aún puedo recordar cada uno de mis sentimientos y cómo estaba mi alma y corazón tras la partida de mis hermanas. En ese momento no asimilé el hecho de que no volvería a verlas; en mi mente solo había espacio para pensar qué haría sin mis padres, qué podía hacer si ellos se enfermaban o peor aún, si se morían. Estaba pendiente de su forma de llorar y de cada tipo de dolor que tenían, estaba pendiente de si su corazón aún seguía latiendo, siempre a la expectativa de cómo iba caminando su dolor. Tenía miedo de perderlos también a ellos. Por todo esto, mis primeros pensamientos fueron "¡qué injustas!, ¡qué fácil morir y ya!, y yo, aquí sola, viviendo esto con mis padres".

Creo que esta primera reacción fue de ira. Los pensamientos negativos me invadían la mente y no dejaba de preguntarme porqué yo me había quedado sola con mis padres, mientras que ellas dos se habían ido juntas; inclusive varias veces pregunté *"¿por qué me quedé? ¿Por qué también no me fui? ¿Por a mí?"*

Puede que tú no sientas lo mismo que yo, ni te hagas las mismas preguntas. Eso se debe a que ningún dolor es igual. La angustia no es tan simple y cada uno se enfrenta al duelo de diferente manera.

Yo perdí dos hermanas, algunos pierden a uno, otros pierden a sus padres, hermanos, o hijos en forma repentina como en mi caso. En otros casos, los seres amados mueren tras una larga enfermedad como el cáncer, el VIH, u otro mal que consume poco a poco.

Por ejemplo, en estos días perdí a una amiga que luchó un año contra el cáncer. Tengo dos amigas más con esa enfermedad y una de ellas se encuentra con ira.

Un día, ella me dijo: "si es por mis pecados que estoy enferma, ¿por qué las personas que son mucho más malas no reciben su castigo? ¿Por qué a mí sí? ¿Por qué yo sí tengo que pagar por mis pecados y no ellos?" El duelo a consecuencia de estas enfermedades también trae preguntas. El hablar con ella me recordó las interrogantes que me hacía en los primero años.

Este periodo es la fase de ira. Sentía mucho enfado por no poder evitar la pérdida. Enfado hacia la persona muerta por dejarnos, hacia el hospital, hacia nosotros mismos, hacia familiares. Ira. Se acumulan las preguntas: "¿Por qué a mí? ¡No es justo!", "¿cómo me puede estar pasando esto a mí?".

Estoy segura de que mis sentimientos de ira fueron por no saber en ese momento administrar mi dolor, el dolor de perder a mis dos hermanas y el dolor de ver a mis padres tan mal y no poder hacer nada por ellos.

En mi caso, ese sentimiento de ira comenzó a salir el día que conocí a Cristo. Cuando comencé a tener comunión con él, a leer su Palabra y a entender que me quedé con un propósito, toda la ira que sentía, desapareció.

De la mano de Dios y a su lado puedo tener una vida plena e inclusive ayudar a otros, pero ¿qué pasa con las personas que aún no conocen a Dios y por la ira no quieren escuchar nada de él? La etapa del luto y la mente de cada individuo deben ser tratadas y sanada de forma personal.

No es algo que podamos tomar a la ligera. No es tan simple como reunir a las personas en un grupo y que se pongan hablar de cómo murió su hijo, que fecha, cómo se llamaba, etc. Con esto no estoy juzgando el trabajo tan noble de los grupos de auto ayuda, solo que en estos años entendí que detrás de todo este tipo de dolor, existe un plan muy grande de nuestro enemigo, el diablo, y que solo Dios puede restaurar las vidas. Únicamente él puede salvarnos y darnos una vida plena como dice en Juan 10:10 (RVR1960):

"El ladrón no viene sino para hurtar y matar y destruir; yo he venido para que tengan vida, y para que la tengan en abundancia."

Con relación a los pensamientos de "¿por qué a mí y no a esos que pecan más?", este versículo impactó mi corazón y fue muy revelador:

"¡Mira a los orgullosos!
Confían en sí mismos y sus vidas están torcidas.
Pero el justo vivirá por su fidelidad a Dios."
Habacuc 2:4 (NTV)

Con esto, el Espíritu Santo me decía que solo es cuestión de tiempo que nos toque cosechar aquello que sembramos. Es por eso que te invito a que siembres esperanza, sueños para el mañana, y que busques algo por el cual vivir, que coloques metas a largo y corto plazo, y que estas sean tu motor a seguir. Poner eso en acción te ayudará en el tiempo de ira, a mí me ayuda, y por eso puedo aconsejar que intentes vivir cada día siendo fiel a Dios.

Segundo:

La segunda reacción que tuve fue el pensar en el futuro. Creía que con mis propias fuerzas, yo sola iba tener que hacer el trabajo duro, pensaba que mis padres jamás iban a salir de ese dolor, que yo nunca más iba poder estar sin preocuparme por ellos. ¿Cómo iba hacer si mi hermana la mayor siempre era la que nos guiaba y nosotras dos solo hacíamos lo que ella decía?, ¿quién me iba guiar?, ¿quién me iba decir cómo hacer? Las preguntas y los pensamientos vienen con el estado de ira en el duelo.

De mi experiencia puedo decir que la depresión viene por los pensamientos y las preguntas que en segundos se van generando en la mente. Hoy puedo ver que si hubiera tenido a alguien ahí a mi lado que me diga: "tranquila. Esto es lo que vas a sentir, esto vas a pensar y es normal, pero va pasar, no creas nada de lo que tu mente te está diciendo. Dios va ir trabajando contigo y algún día serás diferente y tus cargas se irán", hubiera podido afrontar mi duelo de mejor manera.

Pienso que en las iglesias y en los grupos de apoyo nos enfocamos en ganar personas, pero que para lograrlo esperamos que ellos vengan a nosotros; sin embargo, en Mateo 28:19-20 (NVI), Jesús nos dio una orden:

"Por tanto, vayan y hagan discípulos de todas las naciones, bautizándolos en el nombre del Padre y del Hijo y del Espíritu Santo, enseñándoles a obedecer todo lo que les he mandado a ustedes. Y les aseguro que estaré con ustedes siempre, hasta el fin del mundo."

Lo que intento decir es que afuera están las personas que sufren y uno de los motivos por los cuales viven afligidos es porque han pasado por un duelo no remediado. Están allá, desesperados por tener paz en sus almas.

En estos años de trabajo como docente de seguridad vial, he vistos casos de padres que deben cambiar el pañal de su hijo de 25 años porque tuvo un accidente de tránsito y ahora se encuentra con lesiones graves en el cerebro. Padres que adquirieron algún tipo de cáncer por no saber procesar su dolor y el luto. He visto hermanos tomar la decisión de acompañar a sus hermanos y quitarse la vida, o padres que hicieron lo misma.

He visto casos de esposos que se divorcian porque se culpan o porque no saben cómo procesar su dolor juntos; hermanos se volvieron adictos a las drogas para olvidar lo que pasa en casa, padres que lloran día y noche por los que ya no están, o padres buscando algún tipo de vicios para olvidarse de su dolor.

Todos estos son solo algunos de los ejemplos que he visto en estos 17 años y sé que el único que quiere vernos así es el mismo enemigo de nuestra vida, el diablo.

Él quiere eso, y nosotros, en esas circunstancias somos una presa fácil. Por eso escribo estas líneas, para que tú que pasas por un duelo, sepas que no está todo perdido. Y si tú no estás pasando por esta situación, pero conoces a alguien que sí lo está, entiendas que siempre podemos ser las manos, la boca y los pies de Jesús y hacer algo para que estas personas sean sanadas. Una simple palabra de aliento, un abrazo con amor abrirá sus mentes y, en medio de tanta desesperación, encenderá una pequeña luz de salvación y esperanza.

Creo que todos podemos ser un líder de grupo de auto ayuda. Es más, al leer este libro ya tienes las suficientes herramientas para poder ayudar a personas que pasan o pasaron por el duelo. Honestamente, creo que siempre tenemos que aprovechar esas oportunidades porque lo único seguro en nuestra vida es la muerte.

Tengo fe de que cuando el Espíritu Santo te coloque enfrente de una persona que sufre por este tipo de pérdida, sabrás qué hacer, decir y podrás guiarla, sin invadir su dolor, a nuestro amado Jesús.

En mi caso, el sentimiento de ira logró cegarme por muchos años. Incluso me llevó a alejarme de mis padres y a intentar evadir el proceso del duelo, pero cuando comencé a tratar mi dolor, entendí que mi ira fue porque algo muy importante se fue de mí: la esperanza. Es difícil ver esperanza cuando un dolor tan grande se encuentra en frente, pero créeme, pude verla aún en medio de ese dolor. No fue rápido, pero fue como una noche oscura que llega a su fin y el amanecer se acerca tímidamente.

Lo importante en el tiempo de duelo, ya sea que pases por algunas de sus 5 fases o la manera en que sobrelleves tu luto, es poder hacer un esfuerzo y buscar esa esperanza.

No lo lograrás por tu cuenta; busca personas que te ayuden a hacerlo, personas que te guíen a Jesús y te acompañen en esos momentos.

¡Sí es posible encontrar esperanza y salir del duelo!

Cuando llega un nuevo integrante a la familia, un bebé o un cachorro, todos deben asumir sus nuevas responsabilidades y comenzar a desarrollarlas lo más rápido posible para que ese nuevo integrante se quede y se instale en nuestra familia. Con la muerte de un ser querido sucede algo similar porque nos cambia la vida, pero la diferencia de esta nueva vida es que nadie llega, al contrario, las cosas se van.

Puede que sea tu salud la que se esté yendo o un ser amado, pero es la actitud la que marca la diferencia. Frente a los cambios grandes, debemos asumir una actitud proactiva y enfrentar la situación en unidad con la familia. No será rápido, pero podemos realizar pasos lentos de fe y comenzar así a vivir la nueva vida que nos toca.

Asumir esto es un desafío que puede llegar a ser bueno para tu duelo. La idea es que te enfoques cada día más en hacer cambios en tu nueva vida. No quiero que creas que esta propuesta significa que no es bueno sufrir por una perdida. Es bueno llorar, extrañar y hasta algunos días, dejar todo y solo quedarnos en la cama, pero lo malo del duelo es creer que tenemos que vivir así para siempre. Quiero que hagas planes a corto plazo y largo plazo en medio de tu cambio de vida.

Te aseguro que por más difícil que en este tiempo sea creer que puedes vivir sin esa persona o con esa enfermedad, si sobreviviste a un velorio o al entierro, es porque vas a sobrevivir.

"Ustedes no han pasado por ninguna prueba que no sea humanamente soportable. Y pueden ustedes confiar en Dios, que no los dejará sufrir pruebas más duras de lo que pueden soportar. Por el contrario, cuando llegue la prueba, Dios les dará también la manera de salir de ella, para que puedan soportarla." (1 Corintios 10:13 DHH)

A esto me refiero con hacer planes a corto y largo plazo, de esta forma estaremos buscando esas maneras que Dios promete en este versículo, maneras que ayudan a salir del duelo y a soportarlas.

ALTO PARA SANAR

Enfócate cada día más en hacer cambios en tu nueva vida. Yo pude hacerlo y no por ser diferente, sino porque un día me levanté y comencé a ejecutar esos planes para mi vida; Dios tuvo misericordia de mí y me guió a hacerlo.

Quiero animarte a que también lo hagas porque sé que él va ayudarte y a cumplir con la promesa de 1 Corintios 10:13, solo debes de creer e intentarlo.

Esto funciona más o menos como una empresa a punto de quebrar, en donde los accionistas realizan metas y presupuestos en papeles cada fin de año con el propósito de desarrollar el siguiente año. Pienso que esas metas y presupuestos son pactos.

El pacto es un acuerdo entre dos o más personas que obliga a ambas a cumplir una serie de condiciones. En el caso del duelo es lo mismo, solo que aquí, las partes serían Dios y tú. En nuestra primera historia bíblica, mencionamos el ejemplo de la pérdida de Adan y Eva.

Concluimos que la sangre de su hijo Abel lloraba por venganza, pero Dios en su misericordia nos envió a Jesús, su Hijo. La sangre de Cristo nos trae misericordia y bendición. ¡Permitámosle que nos moldee a su imagen!

En las páginas del capítulo siete se encuentran algunos ejemplos de metas a corto y largo plazo que puedes usar para enfrentar tu duelo. A mí me ayudaron y puedo asegurarte que Dios siempre cumple con su parte del contrato; así que, solo intenta y verás los resultados.

Meditaciones

BELLEZA INESPERADA

Epílogo

Camino hacia la libertad

"El Señor le dijo:
—Sal y ponte de pie delante de mí, en la montaña.

Mientras Elías estaba de pie allí, el Señor pasó, y un viento fuerte e impetuoso azotó la montaña. La ráfaga fue tan tremenda que las rocas se aflojaron, pero el Señor no estaba en el viento. Después del viento hubo un terremoto, pero el Señor no estaba en el terremoto. Pasado el terremoto hubo un incendio, pero el Señor no estaba en el incendio. Y después del incendio hubo un suave susurro." (1 Reyes 19:11 RVR1960)

Estos versículos llegaron al fondo de mi corazón días después de una bella prédica en la iglesia de Hillsong en Nueva York. Pude sentir en mi corazón y ver el significado de cada palabra para mi vida.

El principio de nuestro duelo puede compararse con un fuerte viento, tan fuerte como un tornado, o como un gran terremoto o un fuego incontrolable, y nos preguntamos si allí está Dios. Pensamos que, seguramente, él está viendo nuestro dolor y tiene que sostenernos, pero pasan los días, tal vez años, y Dios no se manifiesta, entonces viene la pregunta ¿dónde está Dios?

Puedo imaginar que Elías observaba el viento, el terremoto y el incendio esperando ver a Dios, pero él no estaba allí. La Biblia dice que Dios estaba en medio del silencio en un susurro; y si él necesita susurrar es porque está tan cerca de ti que sabe que lo vas a escuchar.

Dios no se enfoca en tu dolor, se enfoca en tu sanidad y en que vuelvas a él. Él quiere volver a tenerte en su regazo y sanar las heridas que la vida sin él te hizo. Sin duda, quiere restituirte e invitarte a que transformes tu dolor en acciones positivas. Una vez más te repito que no será fácil, pero con él, ciertamente lo lograrás. Mi familia y yo lo logramos y estoy segura que tú también podrás.

No busques a Dios en medio del viento, terremoto, huracán, tsunami, fuego, o lo que sea que estés pasando en tu vida; búscalo en el silencio, allí, él te está esperando. Él guiará tus pasos, sanará tu corazón y te ayudará a ayudar a otros.

En este libro incluimos cuatro historias bíblicas para reflexionar. Es mi deseo que descubras que las Sagradas Escrituras son relevantes para todos los aspectos de tu vida y esto involucra los momentos de dolor y duelo.

Te invitamos a ser parte de un grupo de apoyo *Me Importas* donde utilizamos estas historias y otras más que nos dan invitan a aceptar la restauración personal y redención que Dios nos ofrece. Este recurso te lleva a encontrar nuevamente propósito para tu vida.

Contiene espacio para reflexionar en cada una de las historias bíblicas más a fondo utilizando hojas de trabajo y una oración a Dios. Visítanos en www.majoesquivel.com o www.serusa.org y allí encontrarás la lista de los lugares donde ya existen grupos de apoyo.

Si eres un líder comunitario y te gustaría comenzar uno de estos grupos, por favor, déjame saberlo y envíame un email majoesquivel79@gmail.com
m.esquivel@serusa.org.

¿POR QUÉ ME IMPORTAS?

En nuestra experiencia con personas que pasan por el duelo debido a la muerte trágica de un ser querido, hemos llegado a la conclusión que uno de los aspectos en los que hay que ayudarles y trabajar, es en la de recobrar el sentido de familia y de comunidad.

Esta experiencia nuestra, toma un valor enorme, cuando entendemos que la ciencia y la espiritualidad nos enseñan que estamos diseñados para las relaciones. En primera instancia, una relación sana cono nosotros mismos.

Elegimos comenzar una campaña para acompañar a las personas atravesando el duelo por tres razones:

1. El duelo tiende a llevar a las personas al encierro y el aislamiento lo cual impacta negativamente sus vidas.

2. Esta necesidad es una oportunidad única para las organizaciones y las personas de impactar a la sociedad en una problemática real, diciendo *Me Importas*.

3. Estamos haciendo un llamado convirtiendo esta campaña en un movimiento que invite a las personas a volver a lo básico de cómo vivir en comunidad actuando con compasión y diciendo:

¡Me importas!

Con el apoyo de Güipil Press y Vive 360 media, estamos creando herramientas para ser utilizadas por los grupos de apoyo para crear uniformidad en el servicio a las personas que nos confían con su dolor.

Me Importas es un llamado del encierro y el aislamiento a un relacionamiento comunitario de vida plena.

Esperamos que esta campaña, *Me Importas,* ayuda a que este mensaje primordial se difunda efectivamente a lo largo y ancho de nuestra nación y en todo lugar que sea recibido.

Te invitamos a ser parte de un grupo de apoyo *Me Importas.*

Visítanos en www.majoesquivel.com o www.serusa.org y allí encontrarás la lista de los lugares donde ya existen grupos de apoyo.

Si eres un líder comunitario y te gustaría comenzar uno de estos grupos, por favor, déjame saberlo y envíame un email a: majoesquivel79@gmail.com
m.esquivel@serusa.org.

ACERCA DE LA AUTORA

Majo Esquivel es Licenciada en Administración de Empresas, tiene especialización internacional en Seguridad Vial, Acción Social y en Economía Social. Desarrolló la función de secretaria de la mujer en la Gobernación del Departamento Central del Paraguay. Fue Presidenta de Seguridad en las Rutas del Paraguay por muchos años, y actualmente ocupa el cargo de Directora Ejecutiva. Además, es presidenta y fundadora de Seguridad en las Rutas USA.

Fue invitada por el gobierno paraguayo a escribir, junto con otras profesionales, la primera guía de Educación Vial del Paraguay y por años conformó la mesa del Consejo Nacional de Seguridad Vial de Paraguay como miembro consultivo. Escribió varios artículos en revistas y periódicos de su país y fue entrevistada en innumerables veces por diferentes medios de la prensa con respecto a temas de Seguridad Vial, su principal aporte en Paraguay fue de conformar la mesa de trabajo en el Congreso Nacional, junto con otros profesionales y Diputados de la nación para la promulgación de la primera ley de seguridad vial del Paraguay.

En la actualidad, Arnaldo y Majo viven en Mount Vernon, New York, con su hijo, Fabrizio, y su perrita, Molly.

Si deseas escribir a la autora, o quieres mayor información acerca de sus seminarios y conferencias, puedes comunicarte a través de estas vías:

438 North High Street.
Mount Vernon, NY 10552
Teléfono: (914) 258-7711
Correo electrónico: m.esquivel@serusa.org
www.majoesquivel.com
www.serusa.org

www.ingramcontent.com/pod-product-compliance
Lightning Source LLC
Chambersburg PA
CBHW061959040426
42447CB00010B/1823